“一带一路”政府与社会资本合作研究报告

对外经济贸易大学“一带一路”PPP发展研究中心　编

对外经济贸易大学出版社
中国·北京

图书在版编目（CIP）数据

“一带一路”政府与社会资本合作研究报告 / 对外经济贸易大学“一带一路”PPP 发展研究中心编. -- 北京 : 对外经济贸易大学出版社, 2024. 6. -- ISBN 978-7-5663-2619-5

Ⅰ. F830.59；F014.39

中国国家版本馆 CIP 数据核字第 2024QZ6797 号

“一带一路”政府与社会资本合作研究报告

“Yidaiyilu” Zhengfu yu Shehui Ziben Hezuo Yanjiu Baogao

对外经济贸易大学“一带一路”PPP 发展研究中心 编

责任编辑：史伟明

出版发行：对外经济贸易大学出版社
社　　址：北京市朝阳区惠新东街 10 号
网　　址：www.uibep.com
资源网址：www.uibepresources.com
邮政编码：100029
邮购电话：010－64492338
发行部电话：010－64492342
E-mail：uibep@126.com

成品尺寸：185mm×260mm
印　　张：8.5
字　　数：160 千字
ISBN 978-7-5663-2619-5
印　　刷：北京九州迅驰传媒文化有限公司
版　　次：2024 年 6 月北京第 1 版
印　　次：2024 年 6 月第 1 次印刷
定　　价：35.00 元

前　言

聚焦“一带一路”和海外投融资领域，我们选择了研究中心资助课题中的部分研究成果，结集出版了这部《“一带一路”政府与社会资本合作研究报告》。这些研究成果既有理论探索，结合数据的实证分析，也有对实际案例的具体剖析。研究员们在研究中充分考虑到制度、法律的背景和国别差异，企业所面对的不确定性等，致力于合理解释和有效解决企业在投融资过程中所遇到的各种问题。

《“一带一路”倡议下的企业资金融通机制设计》以“一带一路”参与企业的融资活动为研究对象，着力于研究“一带一路”倡议下微观企业资金融通的机制设计。包括模式创新在“一带一路”企业资金融通中的作用；企业的资金融通机制中存在何种风险以及如何实现对企业资金融通风险的管控；产权性质的不同是否影响企业的资金融通，以及如何从机制设计上满足国企与民企的双重资金融通需求。

《“一带一路”倡议合作背景下中非经济贸易合作新模式（经济特区）投融资模式》在分析不同的国际结算方式的特征和风险的基础上，结合对“一带一路”沿线国家的主权风险、金融基础设施和与中国贸易结构不同的总结，对中国企业在国际结算方式选择上给予有针对性的建议。

《“一带一路”合作国家不确定性风险与投融资》针对我国企业在“走出去”进行投融资时所面临的部分国际政治势力的阻碍、东道国风险和我国自身的不确定性，分别从金融建设层面、企业自身层面和政府层面提出了应对建议。

《基础设施项目 PPP 模式的 VFM 应用研究》重点关注 PPP 模式实施的准入监管，根据准入监管中最为常用的物有所值评价模型（Value for Money，VFM），假设项目分别以传统政府投资模式和 PPP 模式实施，对比政府在两种模式下可能付出的成本，来判断项目采用 PPP 模式的必要性。并且利用蒙特卡洛方法，通过计算机模拟风险发生的概率，模拟可能出现的数据分布，得到可能的VFM结果，完善现有的VFM定量评价方法。

《社会信任、法治环境与中国对外承包工程》通过搭建理论模型，并利用跨国面板数据系统研究了东道国社会信任对中国对外承包工程的影响，以及法治环境扮演的角色。研究表明社会信任与法治环境具有替代关系，而发展中国家的法治环境通常较弱，因此，东道国社会信任对中国对外承包工程的影响力更大。

希望本研究报告的出版能够帮助读者加深在“一带一路”和海外投融资领域的理解，为相关领域的研究者提供更多研究素材和视角，也为政策制定者贡献一些有价值的建议。

对外经济贸易大学“一带一路”PPP发展研究中心 执行主任　吴卫星

目　　录

“一带一路”倡议下的企业资金融通机制设计

◎ 祝继高

一、导论

（一）研究背景和研究问题

推动构建长期、稳定、可持续、风险可控、市场导向的多层次融资体系，提供足够的资金保障和多元化、综合化的金融服务，“一带一路”建设的一项长期任务是推进沿线国家资金融通。共建“一带一路”倡议提出以来，中国与“一带一路”沿线国家一道，积极探索引导金融支持“一带一路”建设的多种方式，开展多种形式的金融合作，在资金融通领域取得了重要进展和显著成效。例如，中国积极推动各类主体在境内外募资设立的亚洲基础设施投资银行、丝路基金、中国—欧亚经济合作基金等一批对外投融资机构、基金，在支持“一带一路”基础设施建设、深化国际产能合作方面发挥了重要作用。“一带一路”银行间常态化合作机制、资本市场互联互通机制等金融市场合作方式为“一带一路”金融同业搭建起了合作和交流的平台，金融服务水平获得了极大的提升。然而，当前中国与“一带一路”沿线大多数国家的金融合作仍处在起步阶段（马翔和李雪艳，2016），参与“一带一路”建设的中国企业融资方式仍然以丝路基金、亚洲基础设施投资银行、中国国家开发银行、中国进出口银行为代表的政策性银行信贷为主，融资方式相对单一，融资成本和融资风险较高。特别是“一带一路”基础设施互联互通建设面临着巨大的融资需求，仅依靠政策性银行资金难以满足需求。因此，探索“一带一路”企业资金融通的创新模式，加强债务和风险管理，充分调动国际私人资本、金融机构，包括国内私人资本参与基础设施融资，对实现“一带一路”资金融通的可持续发展，推动

"一带一路"建设向更加高质量的方向发展具有重要意义。

基于此，本课题以"一带一路"企业的融资活动为研究对象，着力于研究"一带一路"倡议下微观企业资金融通的机制设计。具体地，本课题将重点探究并解决三个方面的问题。第一，模式创新在"一带一路"企业资金融通中的作用以及如何使其更加适用于"一带一路"企业的资金融通；第二，共建"一带一路"倡议下，企业的资金融通机制中存在何种风险以及如何实现对企业资金融通风险的管控；第三，产权性质的不同是否影响"一带一路"企业的资金融通以及如何从机制设计上满足国企与民企的双重资金融通需求。

（二）研究思路、主要内容与研究框架

本课题采用"由分至总，由点及面"的研究思想对研究的内容进行总体布局设计。

首先，课题系统梳理了企业融资相关理论，以及"一带一路"企业资金融通的现状和相关文献，通过理论框架建构和创新，从而为子课题的研究打下良好的理论和现实基础。在此基础上，子专题一至子专题三将从共建"一带一路"倡议下企业资金融通机制设计的"点问题"出发，具体地研究：（1）资金融通模式创新与资金融通机制的融合效应；（2）企业资金融通的风险管控；（3）企业资金融通机制对产权性质引致问题的化解。总的来看，这三个子专题将分别从模式创新、风险管控和产权性质三个方面入手做深入而具体的研究，以形成对于"一带一路"企业资金融通机制"点"问题的包络式探索并逐一给出针对性回应。

其次，在子专题一至子专题三对共建"一带一路"倡议下企业资金融通机制设计的"点问题"进行充分探究的基础上，本课题将对三个子专题的研究结果进行梳理总结，将三个"点问题"的研究成果向"一带一路"企业资金融通机制的"面"上推广，最终将各子专题的研究成果落地于共建"一带一路"倡议下的企业资金融通机制设计中去，形成有针对性、适用性和实用性的政策建议。

如图 1 所示，本子课题的总体研究思路框架如下。

（三）研究的改进与主要创新

本课题的主要创新点包括三个方面。

第一，共建"一带一路"倡议下企业资金融通机制由点及面的推广，这是本课题的首要研究重点。对"一带一路"企业资金融通机制的推广与融合是本研究的关键所在，本课题的三个子专题分别从模式创新、风险管控和产权性质三个方面对共建"一带一路"倡议下的企业资金融通机制设计进行案例研究，并由点及面地推广融合，形成体系化的、全面性的"一带一路"参与企业的资金融通政策建议，发挥其应有的实际应用功能。

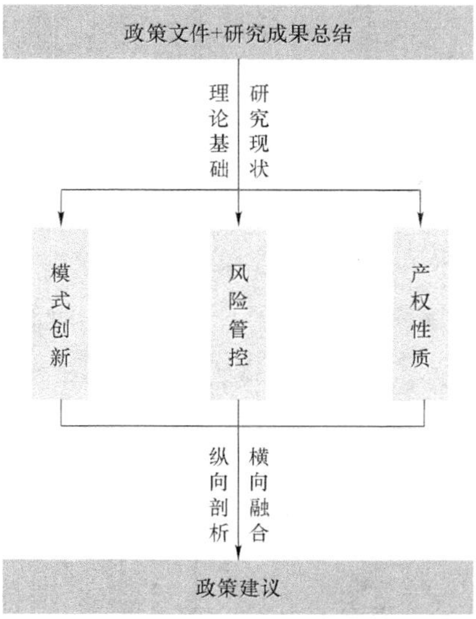

图 1 研究框架图

第二，研究为解决产权性质差异所引致的“一带一路”企业资金融通差异问题。随着共建“一带一路”倡议的全面推进，国有企业与民营企业均积极响应国家政策号召，参与到“一带一路”建设中去，课题重点关注了如何实现国有企业与民营企业在“一带一路”企业层面的资金融通中各自发挥应有作用、享受政策利好的问题，并提出相应的政策建议。

二、文献综述

企业融资决策取决于两个主要标准：成本和公司承担的风险，企业围绕这两个标准进行内源与外部、长期与短期、债务与股权等维度的融资选择。本课题是在企业国际化的背景下，探讨“一带一路”企业外部融资选择的动态性，即企业对国内融资与国外融资，以及债务与股权融资的选择和风险管控。基于此，本章首先回顾了与企业融资相关的经典理论，以及影响企业国际金融决策的额外因素；其次，结合“一带一路”企业资金融通的现实基础，梳理“一带一路”企业资金融通的相关文献；最后，对现有文献进行评述。

（一）企业融资理论

在分析企业的国际金融决策时，现有研究更多基于信息不对称、代理成本、国际税收制度差异等理论和视角进行探讨（Senbet，1979；Corbett and Jenkinson，1996；Domowitz et al.，2001；Esho et al.，2001），本课题依据这三个角度，对“一带一路”企业融资的理论依据进行梳理。

1．信息不对称理论

企业融资方式的选择与融资成本会受信息不对称程度的影响。具体的内在逻辑是，由于企业外部投资者与内部管理者掌握的信息在数量和质量上都不相同，外部投资者往往以企业所选择的融资方式和负债比率作为信号。一般地，外部投资者认为企业发行股票的行为是企业融资的最后"底牌"，意味着坏消息，并以此修正对企业的价值预期（Myers and Majluf，1984），从而影响了企业对融资方式的选择。梅耶斯提出的优序融资理论是典型的理论代表，优序融资理论的中心思想包括：首先，相比于外部融资，企业更偏好内部融资；其次，如果需要外部融资，则相比于股票融资，更加偏好债务融资。融资成本方面，魏明海等（2001）利用普华永道的调查结果研究发现，会计透明度与企业资本成本呈显著负相关。从国际范围来看，随着国际金融合作广度和深度的不断拓展，资本跨国流动的障碍逐步减少，国际资本流动的速度越来越快。由于资本具有逐利性特征，国际资本的透明度越高，吸引力越高，企业越能够以更低的成本获取更多的跨国资本。Domowitz et al.（2001）利用1980—1997年30个国家独特的面板数据，针对企业债务和股权融资选择以及国际和国内融资进行定量研究，发现国家的体制框架在企业融资决策中起着重要的作用，包括法律和监管框架、机构投资者群体、投资银行网络的竞争力等在内的国家制度因素能够通过影响信息不对称程度，从而影响企业的融资选择。这与Demirguc-Kunt and Levine（1999）报告的结论一致。

2．权衡理论

权衡理论是Kraus and Litzenberger（1973）等学者在修正资本结构模型的基础上，引入税收制度和破产制度两种市场不完全和不完美的表现后发展得到的，其核心观点是企业的最优资本结构需要在负债的税收收益和破产成本现值之间进行权衡。随后，Myers（1977）等学者进一步延伸了税收收益与破产成本的内涵，将企业破产成本扩展到代理成本、财务困境成本和非税收损失等方面。而在企业国际金融决策中，税收收益与破产成本的内涵还可以进一步延伸。例如，Senbet（1979）将外汇汇率波动、利率差异、国际税收差异三个因素纳入企业国际金融决策的分析框架；Păun（2012）认为任何企业融资运作都是基于项目理念的，企业进入国际金融市场的决策会受到国家风险、外汇风险、其他与国际债权人或投资者相关风险的额外影响，所有这些风险对企业的融资决策都很重要。

3．代理成本理论

两权分离产生了代理成本，即由于企业所有者不直接参与企业的经营管理，所有者为了实现股东收益最大化目标，需要付出监督成本、担保成本和剩余损失。Jensen and Meckling（1976）在企业融资决策模型中加入代理成本，他们认为由于存在信息不对称，经理层和股东的目标之间存在差异，而最小化代理成本是企业融资结构决策的目标。具体地，代理成本会导致采用股权融资的企业实际的市场价值低于预期的市场价值，相对而言，债务融资则能够有效降低代理成本、增加企业价值。但债务融资也会存在代理成本。经理人道德风险的存在，促使企业将债务融资所得资金挪用到高风险项目中而提高企业价值。这一情况下，企业相当于将项目风险转嫁于债权人，而风险收益则由企业获得。因此，企业需要权衡股权融资的代理成本与债务融资的代理成本。Diamond（1991）认为声誉可以取代监督在克服道德风险问题中的作用，高信用评级的公司能够在市场上获得更低成本、更少监督的债务融资。Esho et al.（2001）使用 1989—1998 年亚洲大型企业的债务融资决策样本研究发现，上市成本、代理成本、重新谈判和破产风险是影响债务类型的重要因素。

（二）“一带一路”企业资金融通研究

“一带一路”沿线国家的金融发展水平、金融基础设施差异较大（马翔和李雪艳，2016），沿线各国的资金配置效率存在显著的差异。此外，不同产权性质的企业、不同类型的投资项目、不同的投资国等维度，均显著地影响着“一带一路”企业融资模式和融资风险。下文将分别梳理“一带一路”企业融资模式、融资风险和企业产权性质对资金融通影响的相关文献。

1.“一带一路”企业融资模式研究

当前，中国企业参与“一带一路”建设的融资方式以企业自有资金和银行信贷为主，具有显著的债权融资偏好（向东等，2015；郭桂霞等，2016）。根据中国与全球化智库出版的《中国企业全球化报告 2018》，以企业自身利润积累进行投资占中资企业的海外投资项目的比例为 32%，境内外银行贷款则是企业第二大融资来源，占比 25%，而资本市场融资比重仅为 10%。

从“一带一路”各类项目中最为常见的基础设施建设项目的融资需求出发，企业融资主要需要考虑到以下三个方面的问题：首先，基础设施互联互通建设面临巨大的资金缺口，以及多国家多币种跨境协调难度大等问题。因此，跨境金融合作须整体规划，充分发挥金融的主导作用（王刚和龚六堂，2018）。其次，“一带一路”沿线各个国家的金融发展程度具有较大的不同，阻碍了“一带一路”倡议下的金融互联互通。例如，夏彩云和贺瑞（2015）认为“一带一路”沿线国家主权信用等级跨度大，使得融资渠道受阻。最后，仅依靠“一带一路”沿线国家的财政力量，以及金砖国家新开发银行、亚洲基础设施投资银行、亚洲开发银行等金融合作组织的信贷支持不足以满足“一带一路”基础设施互联互通建设的融资需求，需要调动更多社会资金积极参与（李淼，2015）。

针对上述提出的“一带一路”企业资金融通的难题，相关学者从以下几个角度提出了见解。第一，创新发展和灵活使用PPP融资模式，调动私人资本的积极性。罗煜等（2017）聚焦国际项目PPP模式问题，研究发现国外PPP运用经验能够显著提高未来运用PPP模式的成功概率，此外，私人部门承担的风险越高，PPP 项目越容易失败，而制度质量通过影响私人部门分担风险程度这一渠道，能够间接影响PPP项目的成功概率。第二，考虑“一带一路”沿线各国金融发展水平的差异，有重点、有针对性地加强沿线各国的金融合作。田益豪和蒋瑛（2018）提出，可以深入推进资本市场合作，设立“一带一路”沿线征信跨境合作机构，开拓与沿线国家金融监管的合作领域，提供“一带一路”建设的金融支持。第三，充分利用保险、信托、基金、债券等金融工具。王玉柱（2016）认为，为了弥补“一带一路”基础设施建设的资金缺口，可以通过借力国际主权基金资源，推动主权基金与亚投行、丝路基金等现有多边金融机构的合作机制。张中元和沈铭辉（2018）认为，未来需要扩大债券市场的开放程度，创新债券市场产品，挖掘“一带一路”项目的资金来源。

2.“一带一路”企业融资风险研究

与“一带一路”企业融资风险相关的文献较少，可以按国家层面和金融机构层面、企业层面因素的风险的驱动因素，对现有文献进行归纳和梳理。首先，沿线国家的综合风险等级、经济和金融发展水平、金融稳定性等因素，是“一带一路”企业融资风险的重要成因。例如，“一带一路”倡议在东盟十国的主要金融风险有金融体系薄弱、金融法制水平较低、债务违约风险高等（刘丁等，2016）；王镝和杨娟（2018）对目前“一带一路”沿线国家进行连续五年的出口信用保险的国家风险评级发现，社会发展水平、外汇实力、金融稳健性、基础设施、法律环境是影响国家风险评级的重要因素。“一带一路”沿线国家中大部分为发展中国家，基础设施建设落后，部分国家拥有较高的政治风险，这使得“一带一路”沿线各国的风险评级普遍较低。Liu et al.（2017）利用93个国家的样本研究发现，中国和东道国汇率、市场潜力、开放程度和基础设施完善程度与“一带一路”沿线国家的直接投资显著相关。除此之外，由于大部分“一带一路”沿线国家的经济结构较为单一，这些国家容易受到外部冲击的影响，经济波动性成为导致企业融资风险升高的另一重要因素。其次，利率和汇率的波动风险直接影响企业融资选择和融资风险。朱萌和戴慧（2016）指出，2015 年以来，由于人民币贬值预期上升，企业开始通过降低美元计价债务风险敞口和久期来规避汇率波动风险，导致企业短期债务比例上升。然而，企业海外投资需要资本长期投入，尤其是近年来海外并购交易持续上升，估值水平、交易规模增长迅速，由此导致企业的融资结构复杂化，并且产生期限错配风险。最后，相较于各发达经济体的跨国企业，中国中小企业“走出去”更多依靠银行信贷获得发展资金，使得企业普遍承担较高的资金成本，暴露出更高的经营风险（陆长平等，2019）。

3. 产权性质角度下的“一带一路”企业资金融通研究

国有企业是参与“一带一路”建设的“主力军”，民营企业是参与“一带一路”建设的“生力军”。我国参与“一带一路”建设的企业具有显著的债权融资偏好（谷留锋，2012；郭桂霞等，2016）。总体而言，国有企业与民营企业在“一带一路”资金融通方面都面临不少问题。以央企为主的工程承包企业，面临商业银行资金成本偏高且参与度不够、国内直接资本市场有待完善等融资问题，建议国家加大金融支持力度（李淑静等，2015）。此外，面临世界经济增长乏力，金融市场动荡不安等挑战，央企参与“一带一路”海外投资审批周期较长，再加之人民币汇率波动，央企面临很大的汇率风险（胡鞍钢等，2017）。而对于民营企业而言，许多民企，特别是中小企业发展的头号难题是融资贵、融资难，这些问题使得民营企业国际产业合作受到较大的限制，不利于企业的长期发展（吕臣和陈廉，2019）。

（三）文献评述

综上所述，“一带一路”资金融通方面的文献已经对企业融资模式的选择、融资风险等问题进行了较为丰富的研究并给出了相应的建议措施。然而，从以下三个角度出发，相关研究仍然存在显著的发展空间：第一，对“一带一路”企业融资模式的选择，已有文献清楚地认识到我国企业在参与“一带一路”建设过程中面临的融资缺口问题，并提出了未来可以拓展和发展的融资渠道和创新的融资方式。然而，现有文献缺乏对各种创新融资方式具体应用的深层次探讨，也缺少相应的数据和案例支持，从而不利于创新融资模式的具体应用。第二，现有研究对“一带一路”企业融资风险关注较少。风险是企业融资决策的重要标准之一，全面地认识“一带一路”企业融资会面临的各种风险，是“一带一路”资金融通机制设计的前提条件。第三，已有文献发现，我国国有企业与民营企业在“一带一路”企业融资方面存在一定的差异，因此，在进行“一带一路”资金融通机制设计时，我们需要考虑两种产权性质企业的融资特征，制定差异化的融资策略。

三、模式创新角度下的“一带一路”企业资金融通机制设计

本章将重点考察资金融通的创新模式（例如BOT、BT等广义资金融通模式）在“一带一路”企业资金融通中的应用。在分析资金融通各创新模式自身优劣的基础上，本子专题进一步着力分析各创新模式对于“一带一路”企业资金融通的适用性并提出相应的改进建议，最终实现将各种创新资金融通模式应用于“一带一路”企业资金融通机制设计的目标。

（一）“一带一路”企业资金融通创新模式总结

“一带一路”建设的优先领域和重点方向是基础设施互联互通，基础设施互联互通也是建立高标准自由贸易网络的重要依托。由于资金需求规模巨大、投入周期长，盈利偏低是“一带一路”基础设施建设项目的特点，以往“一带一路”基建项目融资以亚洲基础设施投资银行、中国国家开发银行、中国进出口银行为代表的政策性银行信贷为主。积极鼓励开展第三方合作、多方合作，推广股权投资、债券融资、PPP融资等方式，充分调动国内外金融市场的公共部门筹资、私人部门融资和开发性金融等多元化融资渠道，构建市场导向型的多层次融资体系，是解决“一带一路”基础设施建设融资瓶颈的重要方向。

当前，“一带一路”基础设施项目中最为常用的融资模式之一为PPP融资模式（“PPP”是Public-Private-Partnership的简称）。PPP融资模式具有广义和狭义两种定义：狭义的PPP模式即政府和社会资本合作建设公共基础设施项目；而广义的PPP模式可以理解为现代投融资模式的综合，包含BOT、BT、BOOT等多种项目融资模式，是一种充分利用金融市场的公共部门融资和私人部门融资，实现多方合作共赢的现代融资模式。中国提出的共建“一带一路”倡议，以打造利益共同体为合作目标，强调遵循市场规则，强调“共商共建共享”，强调平等协商、优势互补，而PPP模式的内核是提供了项目运营方在风险分担、利益共享等方面的合作手段。可见，共建“一带一路”倡议的框架与PPP模式的运作理念高度契合，PPP应该成为“一带一路”基础设施项目实施的主导方式。在“一带一路”基础设施建设项目实施过程中，PPP主要有两种具体操作模式：BOT模式和BT模式。

1. BOT模式

BOT模式（“BOT”是Bulid-Operate-Transfer的简称）下，一般由国内外的大型

集团或财团发起，通过一定程序并签订特许协议从一国政府或其授权的政府部门获得基础设施项目的建设和运营特许权，下一步由参与方共同组建一个项目公司，全面负责项目的融资、设计、建造和运营。在项目的特许期间内，参与方通过对项目的开发运营来收回投资，并取得合理的利润。而政府部门则保留项目的最终所有权，于特许期满收回项目运营权。BOT 模式具有混合经济特色，兼具政府管理与市场机制的特点。一方面，把私营部门中的效率引入基础设施建设项目，作为可靠市场主体的私人部门在特许期间对项目具有完备的产权，并承担项目全部的风险，由此承担 BOT 项目的私人部门在开发运营过程中的行为完全符合经济人假设；另一方面，政府部门保留了项目的控制权和最终所有权，对项目全过程具有监督检查权，可以有效约束私人部门的行为。

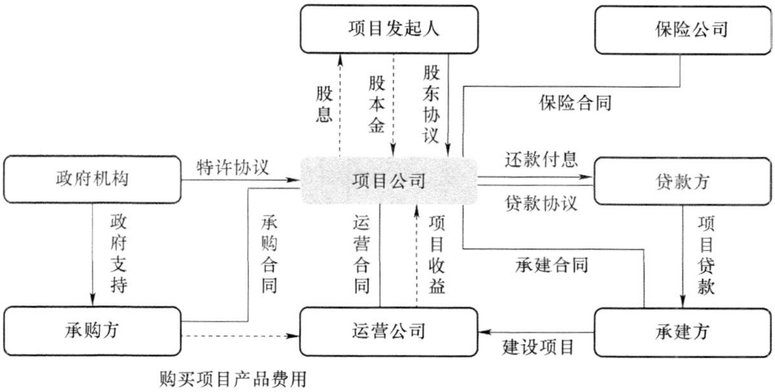

图 2　BOT 模式示意图

2．BT 模式

BT 模式（"BT"是 Build-Transfer 的简称，即建设一移交）是 BOT 模式的一种变换形式，具体由项目发起人（一般是政府部门）与项目公司签订合同，项目公司不负责项目的运营，但须在规定时间内完成项目的融资和建设工作，验收合格移交予项目发起人后即退出项目。项目总价由项目总投资加上合理回报构成，项目发起人根据合同分期向项目公司支付约定总价。BT 模式下，项目前期立项工作和后期运营皆由政府部门负责，而在政府部门与项目公司签订 BT 投资合同后，项目融资和建设风险则完全由项目公司承担。同时，正是由项目公司负责项目融资工作，使得项目融资实现了市场化，调动了更多私人部门的资金，扩展了项目的融资渠道，改变了依靠政府资金的传统融资方式。

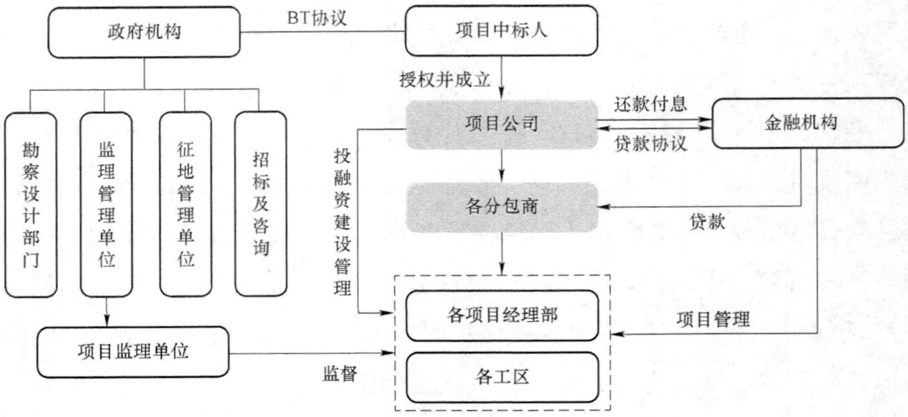

图 3　BT 模式示意图

表 1　BOT 模式与 BT 模式对比

	BOT 模式	BT 模式
特点	采用市场机制和政府干预相结合的方式，具有混合经济特色。项目的大部分经济行为都在市场上进行，能够将私人部门中的效率引入基础设施建设项目。但是，又能保证在必要情况下，由政府出面进行干预	项目公司不负责运营，只承担项目的融资风险和建设风险。项目前期立项工作和后期运营皆由政府部门负责
主要参与人	政府部门、投资人、项目公司、贷款方、建设和运营的有关公司	政府部门、投资人、项目公司、贷款方、承建方
可能面临的风险	政治风险、市场风险、技术风险、融资风险、不可抗拒的外力风险	同 BOT 模式。除此之外，在“一带一路”基础设施建设实践中，中资公司遇到过业主不按时付款并故意低估项目质量以减少支付的情况
风险的规避和承担	（1）项目公司可通过谈判获取额外的特许权利以抵消政治风险的影响。（2）市场风险与当地政府和其他投资方分担。（3）技术风险完全由项目公司承担。（4）分步融资以规避融资风险。（5）购买保险规避不可抵抗的外力风险	同 BOT 模式。目前一些中国企业为规避业主低估项目质量的风险，更倾向采用 BOT 模式
适用项目	电站、污水处理、铁路等	城市道路、建筑等

3．BOT 与 BT 模式下的其他环节融资

在 BOT 模式下，项目发起人要缴纳股本金成立项目公司。由于“一带一路”基础设施建设具有投资巨大、项目周期长等特点，因此，我国企业缴纳的项目公司股本金也对企业造成了较大压力。目前，国有企业参与“一带一路”基础设施建设项目投资，股本金多数为自有资金，或者由集团公司向银行提供全额担保进行债务融资。在实地访谈过程中，项目组发现目前在此环节正在涌现新的融资方式。例如，计划参与“一带一路”基础设施建设的中国企业首先成立基金，自身作为基金的普通合伙人（General Partner，GP），吸收其他资金（如保险公司资金、民间资本等）作为有限合伙人（Limited Partner，

LP）共同出资。普通合伙人自有资金在基金中所占比例较小，但是可以获得项目公司中更多的股份，企业的现金流压力也将减轻。

在BOT和BT模式下，项目公司均需要寻找金融机构对整个项目进行融资。在目前已有的“一带一路”基础设施建设中，较常见的贷款方包括世界银行、亚洲基础设施投资银行等国际金融机构，或中国进出口银行、中国工商银行等中资银行。目前“一带一路”基础设施建设项目的融资创新举措包括在国际市场发行债券筹措资金，或从其他国家的银行进行贷款等方式。

（二）“一带一路”资金融通的创新模式的案例分析

本子专题采用了多案例研究法，涵盖国有企业与民营企业两种产权性质的企业类型；基础设施建设项目与海外生产线项目两种海外投资类型，多角度分析我国企业运用“一带一路”资金融通创新模式的现状与阻碍。

1．山东高速集团孟加国拉达卡高架快速路项目

山东高速集团（以下简称“山东高速”）是中国路桥行业运营里程最长的国有独资大型上市公司，主营交通基础设施与智慧交通投资、建设、运营、管理，以及物流和金融资产投资项目。截至2019年底，资产规模居全省企业和全国同行业第一位[①]，山东高速的经营领域相继涉及全国22个省以及106个国家和地区。

孟加拉国达卡高架快速路项目有三个股东，山东高速是其中之一。项目融资方式是中国进出口银行和中国工商银行总行进行银团贷款。融资要求包括购买海外投资保险，且山东高速和另外一家股东的母公司提供全额双担保。目前，海外投资保险只能从中国出口信用保险公司（以下简称“中信保”）购买，保费为年付，每年根据不同国别，保费为5‰到8‰。项目周期如果超过十年，保费占融资的比例可达到7%～8%，甚至10%。银团贷款的利率大概为5%～6%，融资总成本为13%～14%。另外，山东高速集团为子公司提供担保还要加收1%的担保费。因此，目前山东高速海外项目的融资成本就接近15%。

山东高速在此项目中遇到的问题主要包括融资难和融资贵。融资的第一道难关在于购买海外投资保险。目前，中国的政策性保险机构只有中信保一家。一旦项目出现政治风险，中信保的保险最多可以覆盖95%的融资额，这样就把银行的风险敞口控制到较低的水平。但是，由于中信保的垄断地位，保费对于进行海外投资的企业来说较高。目前，国外也有一些多边保险机构，但是这些机构的保险购买难度更大。

① 资料来源：山东高速集团网站（http://www.sdhsg.com/about/aboutCompany）。

山东高速也曾经考虑过银行贷款外的其他融资渠道。山东高速曾经于2017年底在我国香港地区发行了4亿美元的公司债，但是发行债券筹集的资金用于集团层面的统一调配。并且发行债券的期限一般最多为10年，而“一带一路”基础设施建设项目的周期往往长达20～30年，两者很难进行期限匹配，所以只能采用滚动发行债券的策略。另外，发债时往往一次性进行大量融资，而项目建设过程是逐步进行投资的，需要做好资金管理筹划，防止资金限制。以上两个债券发行的特点都增加了企业资金管理的难度。

为降低融资成本，山东高速曾经考虑过股权融资和保险公司资金。在对接股权融资时，有限合伙人一般能接受的项目周期为7～10年，短于“一带一路”基础设施建设项目的平均周期。而保险公司资金往往认为东道国的风险过高。

2. 中国电建卡西姆港燃煤电站项目

中国电力建设集团有限公司（以下简称“中国电建”）是由国务院批准组建的，由国务院国有资产监督管理委员会履行出资人职责的综合性、特大型建设集团，具有较强的国际竞争力。经营领域横向覆盖水利电力工程、设备制造和投资运营、房地产、物流等多个领域，纵向包含项目规划、勘测设计、咨询监理、施工安装、运营管理等全产业链、综合性基础设施建设服务。

卡西姆港燃煤电站项目总投资20.85亿美元，是“中巴经济走廊”首个落地的能源项目。中国电建对该项目成功运用了BOOT投融资模式。在资金比例方面，根据国务院对固定资产投资项目资本金比例的规定，对于海外投资项目，投资企业需要自筹30%的资本金，中国进出口银行等政策性银行最多只为投资项目70%的资金提供贷款。中国电建海外投资公司没有依靠集团拨付现金支持，而是采取了在香港发债的方式筹集项目所需的30%的资本金。相较于内地资本市场，香港资本市场更加成熟和开放，并且在发债方面有更多政策方面的优势。因此，中国电建海外投资公司很早就设立了香港公司，利用香港的资本市场和政策进行金融布局。具体而言，中国电建海外投资公司成立卡西姆燃煤电站项目公司，占股51%，同时引入卡塔尔王室持股49%作为财务投资者。由于财务投资者只关注项目回报，不关注项目的具体运营和实施，中国电建海外投资公司通过这种方式就可以用较少的资金撬动整个工程的EPC（工程总承包）。在缓解企业资金压力的同时，带动整个电建集团的机电产品出口和劳务输出。

中国电建海外投资项目的资本金来源主要有注册资本、留存收益、境外发债、内保外贷、私募基金五个渠道。其中，在香港发债的过程中，电建海投在香港设立1美元公司，然后用中国电建集团较高的信用评级为1美元进行担保，发行债券。相较于以中国电建香港公司这一二级单位的名义发行债券，设立1美元公司进行债券发行能够更好地减少投资者对于二级单位复杂债权债务关系的担心。同时，利用集团的信用评级进行担保，则向投资者传递出了"偿付保证"的信号，有利于降低债券发行成本。在此基础上，通过准确把握发债时机和资本市场中的供求关系，能够进一步降低融资成本。例如，2017年6月，中国电建海外投资公司利用国家外汇管理局缩进外汇，中国企业发行外币债券相对受到限制，香港资本市场利用美元债券供不应求的时机发行美元债券。以3.5%的成本发行美元债券，创造了国资委系统发行美元债券的历史最低价格。

3．央企子公司A在"一带一路"沿线国家T的电厂项目①

央企子公司A为其集团旗下的外贸平台，在外贸领域具有几十年的实力积累，在部分"一带一路"沿线国家有合作多年的客户积累，因此，在这些国家，对市场渠道掌控力很强。A公司的主要合作策略是利用自身优势，在"一带一路"沿线国家参与基础设施建设。目前，A公司已经参与的项目主要采用BOT模式。由于国际工程建设不是A公司所属集团的主营业务，A公司可动用自有资金较少，因此A公司一般不会担任项目公司大股东，而是与其他央企，如国电电力投资公司等资金雄厚的公司进行合作。

2019年，我国在T国最大的直接投资项目H电厂项目开工。央企B为项目公司大股东，持股比例为80%，A公司持股比例为10%，其他投资方持股比例为10%左右。A公司在此项目中主要负责T国市场渠道，并维护与T国政府关系，防范政治风险。A公司缴纳的10%的项目公司股本金全部为A公司自有资金，给A公司的现金流造成了一定压力。在项目谈判过程中，央企B曾提议向A公司转让部分项目公司股份，但由于A公司自有资金不足，转让没有成功。

项目公司成立后的融资渠道主要是商业贷款、国际组织贷款（世界银行、亚洲开发银行、亚投行）和进出口银行的"两优贷款"（援外优惠贷款和优惠出口买方信贷，不需要中信保的保险）等。

在此项目中，A公司遇到的主要问题是自有资金不足，不能在项目公司中占更多股份。T国政局和经济发展都较稳定，电厂项目建成后有稳定收益，属于非常优质的项目。但是，受限于自有资金，A公司无法获得更高收益。A公司目前计划成立一只基金，在国内寻找有限合伙人，用少量自有资金撬动更多民间资本，争取在未来的项目中获得更高收益。

（三）相关改进建议

第一，在国家层面，为将其他国家的资本和民间资本引入"一带一路"基础设施建

① 应企业要求，对企业名称和项目名称保密，课题组承担案例真实性的责任。

设中，探索建立淡马锡式主权投资基金[①]。设立主权投资基金，既可以使得中国和其他国家共同承担“一带一路”沿线基础设施建设风险，也可以缓解国际社会对中国大额海外投资风险的担忧。

第二，在机构层面，为吸引民间资本、海外资本、保险资金等各种资金参与“一带一路”投资，设立股权基金。目前，已经有一些企业在此方面进行了探索，中国海外基础设施开发投资有限公司就是其中的优秀案例。该公司是由中非发展基金牵头，联合中国多家大型基础设施、勘测规划、投资运营企业共同设立的海外基础设施开发平台。2018 年，该公司在刚果（布）实施了黑角经济特区前期开发工作，以经济特区开发为龙头，系统开发电力、港口、水务等配套基础设施。设立这种基金可以减轻企业自身的现金流压力，实现中国企业的强强联合，以基金为纽带使企业建立合作关系，避免过度竞争。

第三，民营企业积极拓宽融资渠道，除向国内金融机构融资外，可以转向国外金融机构做多种尝试。

四、风险管控角度下的“一带一路”企业资金融通机制设计

本章主要从企业自身出发，研究企业“一带一路”资金融通机制中的风险管控问题。本研究报告将分析“一带一路”企业资金融通的主要特点及资金融通面临的内部和外部风险，并通过中国中车雅万高铁项目的案例阐述我国企业参与“一带一路”建设项目在资金融通方面面临的具体融资模式风险、财务风险和运营风险。最后，课题组将为我国企业“一带一路”资金融通的风险管控提出相关建议。

（一）“一带一路”企业资金融通的特点及面临的风险

1.“一带一路”企业融资需求概况

企业参与“一带一路”建设需要大量的资金支持，如何实现资金需求与资金供给的匹配将成为“一带一路”资金融通的关键因素。研究团队通过对现有文献和数据的整理分析，对国内外研究机构和学者关于未来 5 年“一带一路”建设企业融资需求的情况进行了归纳整理，如表 2、表 3 所示。

---

① 新加坡淡马锡控股有限公司是世界十大主权基金之一，掌管的资产总额为 1 733 亿美元，相当于新加坡 GDP 的 63%。资料来源于中华人民共和国国务院新闻办公室：http://www.scio.gov.cn/zhzc/2/2/Document/1350154/1350154.htm。

表 2　　“一带一路”沿线基础设施建设融资总需求估算表　　单位：万亿美元

国家范围	融资需求估算金额	数据来源
“一带一路”沿线国家（中国除外）	1.4	国务院发展研究中心课题组（2017）
“一带一路”沿线国家	2.9	中国社会科学院世界经济与政治研究所（2017）
“一带一路”沿线国家	9～12	中国金融四十人论坛肖钢课题组（2019）
“一带一路”沿线国家	6.57	中国人民银行国际司（2019）

表 3　　“一带一路”沿线国家基础设施建设融资需求估算表①　　单位：万亿美元

国家和地区	2017—2021 年需求总额	年均需求
亚洲新兴市场经济体和发展中国家	5.09	1.02
独联体国家	0.56	0.11
中东、北非	0.92	0.18

“一带一路”沿线国家和地区的投融资需求主要聚焦于基础设施建设。根据表 2、表 3，“一带一路”沿线国家在基础设施建设方面资金需求较高，这对中国企业来说，不仅仅是参与“一带一路”建设的机遇，也是挑战。

2.“一带一路”企业融资模式

企业参与“一带一路”建设具有较大融资需求。目前，我国企业对“一带一路”沿线投资的融资渠道结构以银行贷款为主，项目融资为辅，债券融资、股权融资模式仍待发展。银行贷款是“一带一路”基础设施建设的主要资金来源，当前我国企业主要从国家政策性银行、开发性银行以及商业银行获得融资支持。项目融资方面，PPP 模式是项目融资的主要方式。股权融资方面，尽管国家设立了如丝路基金、中非发展基金等对外投融资基金为股权融资提供便利，当前“一带一路”企业对股权融资方式的使用程度较低，这主要是因为“一带一路”基础设施建设具有资金需求大、投资期限长、投资收益率较低的特点，从而很难吸引到私营资本投资。然而，从企业面临的风险角度来看，由于“一带一路”基础设施建设存在不确定性较高的问题，银行贷款的期限往往比项目偿还期或 PPP 协议周期短，因而，银行贷款给企业带来的资金偿还压力和违约风险也相对较高。

① 资料来源：中国人民银行国际司.“一带一路”倡议与对外投融资合作框架［M］. 北京：中国金融出版社，2019.

3.“一带一路”项目融资模式下的企业资本结构特征

相对于银行贷款融资方式和股权融资方式，项目融资通常能够有效弥补巨额的资金缺口，是帮助企业快速融资的有效方式。从债务追索角度来看，如果发生项目失败的情况，项目融资的债权人只能对项目公司的资产进行追索，而无权追索公司的其他资产。从资本结构角度来看，银行出于风险管控的需要，往往会对企业的杠杆水平有所要求，负债率过高的企业一般很难通过银行贷款的方式融资，因此，传统银行贷款融资模式下，企业的负债率通常在 70%以下；而项目融资模式下，企业的负债率通常较高，一般会超过 70%，甚至可能达到 100%。[①]在存续期限方面，项目融资的存续期限通常与具体项目相匹配，一般为 20～30 年。根据以往的研究，项目融资作为创新型风险分配工具，通过风险策略与资金结构将现金流分配给利益相关方，同时，由于项目融资的存续期有限、股权集中度较高，股权持有人倾向于通过增加财务杠杆的方式将财务风险和经营风险与贷款人分担。然而，这也会给企业带来较高的偿还风险和现金流的压力。根据以往的研究，当“一带一路”沿线国家的经济风险较高时，项目融资的财务杠杆较高，而多边合作金融机构的参与会进一步提高项目的杠杆率。

4.“一带一路”企业融资面临的风险与挑战

（1）外部风险

在外部风险方面，由于境外东道国投资环境差异性较大，企业在“一带一路”资金融通过程中面临的外部风险主要包括东道国的宏观经济风险、汇率变动风险、营商环境风险和政治风险。宏观经济风险方面，“一带一路”沿线国家多为发展中国家和新兴市场经济体，更易遭受外部冲击，抵抗全球经济风险的能力较差。一旦企业的投资目的国遭受外部冲击而导致宏观经济下行，势必会影响企业投资项目的推进，从而引发经营风险。汇率变动风险方面，“一带一路”投资项目的资金投入和资金撤出都会涉及跨境汇兑问题，而一些东道国存在较为严格的汇兑限制和较大的汇率波动，这将会带给企业“一带一路”资金融通的流动性风险。在营商环境方面，“一带一路”沿线国家多为发展中国家，营商环境较差，这给企业的“一带一路”项目投资带来了经营不确定性风险。另外，“一带一路”沿线国家的政治不确定性也会对“一带一路”企业投融资带来较高的经营不确定性，从而引发流动性风险，进而影响偿债能力。

---

① 沈梦溪. 国家风险、多边金融机构支持与 PPP 项目融资的资本结构［J］. 经济与管理研究，2016（11）.

（2）内部风险

企业在参与“一带一路”建设过程中，还应关注内部风险，具体包括投资决策风险、经营风险、合规风险等。投资决策风险方面，由于近年来我国企业对“一带一路”沿线国家的投资主要集中于基础设施、能源资源等大型项目，这类投资项目的资金需求较高，而一旦终端产品的供求关系发生变化，致使项目盈利降低，将大幅降低项目的投资回报，从而给项目融资带来偿还风险。因此，企业对“一带一路”投资项目的投资决策至关重要。经营风险方面，企业应关注内部经营管理体系与境外投资环境的匹配程度。当企业的境外投资经营管理体系不够健全时，会给企业带来经营风险。在合规风险方面，由于“一带一路”沿线各国的法律法规各有不同，如果企业没有深入了解东道国的法规，合法合规意识欠缺，不正视风险或过度依赖外部融资，企业就会背负高额债务，并引发财务危机。

（3）融资环境限制

除上述外部经营环境风险和企业内部风险之外，企业参与“一带一路”资金融通也面临着一些客观融资环境的限制，具体包括资金来源有限、融资模式单一、融资渠道不畅等方面。在资金来源方面，当前企业参与“一带一路”建设的主要融资来源于国内金融机构，而国际金融机构提供的贷款金额则相对有限。另外，由于“一带一路”投资项目的风险与收益匹配度较低，项目的偿还能力存在较高的不确定性，因此“一带一路”投资项目对私营资本的吸引力较低。例如，近年来中国基础设施投资中只有0.03%来自私人资本，而拉丁美洲和加勒比地区私人资本融资比例分别为1.9%和1.6%。① 在融资模式方面，当前企业“一带一路”建设项目主要通过银行贷款的方式进行融资，项目融资模式作为一种市场化、社会化的供给公共产品与服务的创新方式，虽然更适合“一带一路”企业的融资模式，但发展依然不足，仍处于有待扩展的阶段。另外，债券融资仍然是企业“一带一路”融资的薄弱环节。由此可见，我们还需建立多层次的投融资体系，为“一带一路”企业提供融资便利。在融资渠道方面，由于我国金融机构的海外辐射能力有限，因此会对我国企业进行“一带一路”投资项目的海外融资造成一定困难，从而使企业背负资金压力，造成流动性风险。

（二）“一带一路”企业融资风险案例分析——中国中车雅万高铁项目

1．案例基本情况介绍

2014 年，中国中车股份有限公司（以下简称“中国中车”）由中国南车股份有限公

① 肖钢. 制度型开放：构建“一带一路”投融资新体系［M］. 北京：中国金融出版社，2019.

司、中国北车股份有限公司合并而成，是国际规模最大的轨道交通装备供应商，现有46家全资及控股子公司。中国中车积极参与“一带一路”建设，与东南亚和南亚的“一带一路”沿线国家和地区建立海外合作。雅加达—万隆高铁项目（下称雅万高铁项目）是中国中车集团积极响应共建“一带一路”倡议的第一单高铁“走出去”项目，于2016年1月22日在印度尼西亚西爪哇哩尼举行开工仪式，2017年4月4日在印度尼西亚雅加达正式签署总承包合同。2018年7月，雅万高铁项目进入全面建设阶段。雅万高铁项目总承包参与方包括中国和印度尼西亚的7家公司，分别为中国铁路总公司、中国中车、中铁设计、中国中铁、中国中建、中国通号以及印度尼西亚的WIKA公司。中国和印度尼西亚高铁合资公司拥有50年的特许经营权，特许经营权结束后将由印度尼西亚政府运营。其中，雅万高铁项目中方的股权比重为90%，印度尼西亚方为10%，项目总预算为60亿美元。

2．雅万高铁项目的融资方式

该项目的主要融资方式包括贷款融资和BOOT融资模式。

（1）银行贷款

雅万高铁项目贷款主要由中国国家开发银行提供，贷款资金总额为45亿美元，占项目总投资的75%左右。值得注意的是，雅万高铁项目的银行贷款缺少政府担保和补贴，而印度尼西亚方由于征地问题未能及时解决，国家开发银行出于对项目本身资金安全风险的考虑，希望在征地问题完全解决后完成全部拨款。由此可见，雅万高铁项目作为一项高投入项目，项目参与方中国中车和贷款提供方国家开发银行均面临着较大的风险和不确定性。

（2）BOOT融资模式

除银行贷款外，雅万高铁项目其余25%的项目资金将由中国与印度尼西亚的合资公司印中高铁公司（KCIC）承担，以BOOT模式（BOOT是Build-Own-Operate-Transfer的简称，即建设－拥有－经营－转让）进行融资。在印中高铁公司（KCIC）内部，项目60%的资金由印度尼西亚的国有企业皮拉尔协同公司承担，中国企业联合体则承担剩余的40%项目资金。2017年7月，出于财政预算限制，印度尼西亚政府将原先印度尼西亚在项目中所持的部分股份转让给中方，由此中方控股90%，印度尼西亚控股10%，印度尼西亚皮拉尔协同公司只需提供项目10%的资金。中国中车集团作为中方联合承包体的重要一环，合计拥有雅万高铁项目10%的股份，主要负责为雅万高铁项目提供十一列八编组的高度动车组。

表 4　　雅万高铁项目的融资情况表　　单位：亿美元

融资方式	资金提供方	融资总额
银行贷款	中国国家开发银行	45
BOOT 融资	印度尼西亚皮拉尔协同公司	1.5
	中国中车集团	13.5

资料来源：课题组根据印度尼西亚新闻信息平台 Koran Sulindo 发布的《Nasib Proyek Kereta Api Cepat Jakarta-Bandung Bikin Waswas》整理得到①。

3．中国中车雅万高铁项目资金融通存在的风险

（1）融资模式风险

雅万高铁项目的其中一个融资模式为 BOOT 模式。尽管 BOOT 融资模式的采用能够帮助企业参与雅万高铁项目的建设，使得项目资金不需要政府承担，但是这种融资模式也为中国中车带来了相应的风险。首先，由于项目参与方较多，而项目的信息透明度还有待提升，因此中国中车存在信息不对称风险。其次，当地政府对雅万高铁的态度会为项目的建设带来较高的不确定性，从而可能给中国中车造成投资回收期拉长、收益不确定性变大的风险。最后，BOOT 融资模式的采用使得中国中车集团在项目建成之后依然需要参与雅万高铁的运营，这无疑将提高项目的运营成本，增加运营风险。

（2）财务风险

中印尼合资公司当前的主要债务来源于国家开发银行的无政府担保贷款，一旦高铁建成后经营状况不佳，中印尼合资公司将会面临资不抵债、濒临破产的风险。如果中印尼合资公司发生破产，那么企业承包联合体的运营权和所有权将被印度尼西亚政府收回，这将会对包括中国中车在内的中印尼合资企业造成较高的投资风险。同时，由于项目推进过程中存在征地问题，这不但延缓了工程进度，也使得项目的建设成本越来越高，失去了价格优势。这将为中国中车参与雅万高铁项目带来巨额的经济损失，降低其盈利能力，从而影响中国中车的现金存量和流动性。除此之外，项目资金涉及包括人民币、美元、印尼盾在内的三种货币，存在着较高的汇率风险。汇率风险的存在也将增加中国中车雅万高铁项目的运营成本，增加投资风险。

① 资料来源：https://koransulindo.com/nasib-proyek-kereta-api-cepat-jakarta-bandung-bikin-waswas/.

（3）运营风险

目前，印度尼西亚的营商环境与中国有较大差异，这为雅万高铁项目的顺利推进带来阻碍。印度尼西亚位于热带地区，且地质环境较为复杂，高铁通车后，动车组为适应热带环境和当地复杂多变的地质环境需要投资更高的运营成本，是中国中车雅万高铁项目面临的经营挑战。另外，由于高铁票价高于普通火车票价，如果当地消费者对高铁票价接受度不高，将影响整体项目的收入，从而为项目带来经营风险。

4．风险管控建议

首先，企业应当重视"一带一路"项目的可行性分析。与国内的一般投资项目不同，"一带一路"项目投资存在更多的不确定性，项目的可行性分析将关系到投资决策的制定以及项目的投资回报情况。

其次，企业应强化对投资风险的管控。企业在参与"一带一路"建设时应加强与东道国政府以及项目合作企业的沟通，积极构建信息共享机制，建立和完善项目的风险管理体系，建立风险预警机制，做好风险评估和风险应对。

再次，企业应加强自身管理，有效降低财务风险。在确保资金安全的前提下，中国企业应努力提高资金的使用效率，优化投资结构，加快资金的周转速度，提升资金流动性。同时，企业还应随时关注东道国市场环境的变化，适时调整经营策略，加强对项目员工的工作能力的培训，提高经营适应性，从而降低不确定性带来的经营风险。

最后，企业应树立本土化的经营理念，从而降低运营风险。我国企业在参与"一带一路"建设时，应积极与东道国政府和企业建立良好的合作关系，遵守东道国法律法规，尊重东道国文化。我国企业应秉承本土化的经营理念，努力为项目的顺利运营减少阻碍，从而在保证产品质量的前提下合理控制运营成本，进而保证项目的投资回报率，保证融资本金和利息的顺利偿还。

五、产权性质角度下的"一带一路"企业资金融通机制设计

从产权性质的角度来看，国有企业与民营企业都在"一带一路"项目的建设中起着重要作用，但两类企业的融资行为具有不同的特点。本子专题将以产权性质为区分界限，研究国有企业与民营企业在"一带一路"情境下资金融通模式的异同点，并进一步分析国有企业和民营企业在"一带一路"建设中所面临的资金融通问题，最后以产权性质差

异为视角，有针对性地对共建"一带一路"倡议下的企业资金融通机制提出政策建议，以期能实现国有企业、民营企业在"一带一路"倡议下的发展。

（一）国有企业在"一带一路"中的资金融通问题

国有企业特别是中央企业，由于其布局较早、规模较大、实力较强，已经成为中国企业"一带一路"建设中的先行者和主力军，但国有企业在参与"一带一路"建设中，在资金融通方面依然面临以下问题和挑战。

1．国际货币汇率波动较大，融资环境不稳定

基础设施建设类项目具有施工期长、所需资金量大、回收周期长等特点，需要长期稳定的融资环境。从国际融资环境来看，近年来世界经济增长乏力，国际金融市场不稳定造成国际货币汇率变化多端，企业项目资金融通风险较高。从国内融资环境来看，我国境内企业使用国际商业贷款进行境外投资时，采用"逐级审批、限额管理"的投资许可证审批制度和外汇管制，国企特别是央企的海外投资审批周期较长，投资许可证审批制度和外汇管制严格，人民币汇率近年来持续波动，使企业的对外投资、并购面临很大的汇率风险。

2．国企的融资能力同国外先进企业相比，仍存在较大差距

来自欧美国家的先进企业自身资金实力往往非常强大，本国金融支持体系也非常成熟，并且企业能够与本国金融机构及国际金融机构保持良好的合作关系。作为"一带一路"建设中的"主力军"，我国国有企业同国外先进企业相比，在融资方面获得的金融支持较为不足，这直接影响着国有企业在一些重大项目中的综合竞争力。

（1）政策性金融支持力度有待增强

与发达国家相比，我国政策性金融的贷款利率偏高。我国目前最为优惠的贷款品种是由中国进出口银行提供的政府优惠贷款，利率为2%，贷款期限最长为20年。但发达国家的优惠贷款利率可低至1%，甚至是零利率。此外，我国政策性金融提供的出口信贷、保险、担保等服务远低于发达国家水平。我国唯一一家政策性保险公司——中国出口信用保险公司提供的保险产品费率偏高，保险产品品种比较单一，难以全面覆盖承包企业风险需求，增加了国企的投保成本，不利于国企开展国外竞争。

（2）国内资本市场直接融资有待完善

相比于直接融资，间接融资的成本更高。但由于我国资本市场起步较晚，多层次资本市场的构建刚刚起步，信息披露、信用评级体系等相关配套措施尚未完善，同时，我国资本市场中成熟的机构投资者数量较少，市场投机现象还较为严重，由此导致我国融资格局以间接融资为主，股权融资比例较低。此外，我国债券市场、基金市场等提供金

融服务的水平较低，产品结构较为单一，其服务实体经济的能力仍有待提高。因此，企业难以利用资本市场有效解决工程承包企业的直接融资问题。

（3）难以从境外银行获得资金

“一带一路”信用体系建设和金融监管合作还处在起步阶段，中国企业在境外银行系统中没有信用记录，难以从境外金融机构获得所需资金。在由东道国政治动荡、市场变化、产能调整等因素导致企业后续资金需求增加时，往往不能从当地金融机构获得资金，只能依靠境内企业的后续融资满足，从而增加了境内企业的资金压力和融资风险。

（二）民营企业在“一带一路”中的资金融通问题

随着“一带一路”建设的推进，中国企业投融资取得了显著的成果，但是作为“一带一路”建设的“生力军”，民营企业仍然面临着融资难、融资成本高的风险和挑战。

1．国有企业在资金融通过程中对民营企业的影响

虽然国家出台了一系列鼓励民营企业参与“一带一路”建设的政策措施，但在实际操作中还存在不落地和受歧视的问题。目前，我国为“一带一路”提供资金的金融机构还是以国内金融机构为主，但是由于民营企业自身规模小、抗风险能力差、自身信用积累不足，金融机构在贷款方面更偏好于国有企业，民营企业很难享受到同等的优惠政策。比如会产生贷款利率的差异、贷款规模的差异、担保信用额度的差异。国有企业可以凭借国家政策性银行的支持获得大量资金，或是从丝路基金等多边机构申请贷款，这些多边金融机构门槛高，通常只流向国企和大型基础设施建设项目。民营企业却主要依靠商业性金融机构的支持，而这些商业银行在“一带一路”沿线国家网点少、人民币清算行与本币互换网络覆盖不全面、投资风险大，所以对民营企业要求更高，更为谨慎。这些因素使得民营企业处于融资难、融资成本高的不利地位。

2．民营企业从投资国当地的金融机构贷款更加困难

相比国有企业，民营企业在国内融资难，在国外融资更难。“一带一路”建设涉及的六十多个国家中，大多数是发展中国家，这些国家金融体系不健全，易受发达国家金融市场波动的影响，货币利率变动频繁；因为法律规定所限导致无法顺利跨国申请信贷；当地政府对企业跨国支付转账等涉外经济活动加以限制，民营企业向当地金融机构寻求融资时审批手续困难。因此，民营企业面临着巨大的门槛和适应成本，有着很大的不确定性，难以保证资金安全高效地正常运转，这使得民营企业很难融入当地的环境。

3．民营企业经营成本高导致企业融资约束大

中国当前涉及支持企业“走出去”的财政、税收、金融政策对民营企业的限制

较多。而民营企业本身在公司治理上能力不足、经营不稳定，会使得企业在海外融资资金管理方面具有不确定性，给企业融资造成困难。近几年，民企对外投资迅速增长，但在"一带一路"的进程中，民营企业面临着技术创新、人力资源等瓶颈，这使得企业往往在与政府或者商业谈判中处于劣势，管理成本高，各种突发事件给企业造成损失。

4. 民营企业从国内金融机构的海外网点获取所需的金融服务的难度较高

第一，民营企业往往在发展中国家以及经济欠发达的国家开展商业活动，但金融机构往往先选择了往发达的国家发展，二者不匹配，导致民营企业很难获得便捷的服务。从2016年末开始，因为国内推行经济去杠杆的政策，流动性普遍收紧，又因为本币境外使用受限导致投融资比重错配，令民营企业难以降低资金成本。第二，目前"一带一路"建设集中在基础设施、重大合作规划和大型贸易合作项目上，这些项目投资大、周期长、收益慢，对私人资本的吸引力度不够。而"一带一路"沿线国家各类金融机构网点较少，金融体系尚待健全，缺少完善的融资机制，很难为民营企业提供长期资金。民营企业缺乏长期稳定的资金，就难以满足其项目的资金需求。

5. 民营企业难以通过债券进行融资

目前，我国民营企业难以通过债券融资的方式获取资金，大多以境内间接融资为主，特别集中在国内商业银行。境外资金来源占比较小，获取较为困难。作为对外投资活动的"生力军"，民营企业虽然积极性较高，但是难以获得充足的信贷资金用以满足其"走出去"的资金需求。

（三）产权性质角度下的"一带一路"企业资金融通的政策建议

1. 加大金融支持力度

国家政策性金融机构要充分发挥政策性作用。中国进出口银行应积极开发更为优惠的贷款品种；中国出口信用保险公司应加大对汇率方面的保险产品、证券化担保产品的开发力度，并探索降低保险费率的途径和方法。此外，加快完善我国的直接资本市场的配套措施，强化监管力度，做好企业的信用评级，为参与"一带一路"建设的企业提供多元化、低成本的融资来源。

切实推动支持民营企业参与"一带一路"建设政策落细、落地、落实。国家出台了一系列鼓励民营企业参与"一带一路"建设的政策措施，在落实方面依然存在不少问题。需制定针对中小民营企业"走出去"的能落地操作的配套政策，提高民营企业的政策获得感。鼓励国家政策性银行、丝路基金、亚投行等向民营企业提供融资，丰富政策性金融手段。利用国家的号召力，吸引更多的多边金融机构、国际资本和社会资本，与世界银行、非洲开发银行等境外融资机构加强合作，为民营企业的海外项目投资融入更多的资金。民营企业也应该积极关注国家出台的相关政策，多渠道了解比较各金融机构贷款的条件，为自己谋求机会。

2．积极拓展多元化融资渠道

推动人民币国际化，与“一带一路”沿线国家签订双边本币互换协议、本币结算协定等，扩大人民币的国际融资功能，鼓励引导中资银行扩大境外业务，鼓励境内金融机构向境外发放贷款，以及鼓励民营企业用人民币对外直接投资，降低民营企业的融资成本和汇兑风险。发行新品种债券，比如符合条件的国内企业和金融机构在境外发行人民币债券和外币债券，或者推动沿线国家信用较好的企业以及金融机构在华发行人民币债券。建立若干基金，吸引国内外金融机构、社会资本的投入，为民营企业提供更多的资金。完善国外投资的担保体系，为民营企业提供更多的担保。加大对民营企业开放性和支持性融资，提高民营企业的直接融资比重，降低民营企业融资门槛，允许有条件的民营企业在国内证券市场公开发行用于在“一带一路”沿线相关国家投资的债券，支持民营企业在海外发股发债，积极通过境外融资筹集资金。

3．建立健全信息发布和风险防控体系

在“一带一路”五通工程中，资金融通是高杠杆、高风险业务，因此，中国政府和企业要充分认识并控制投资过程中的风险，对于“一带一路”沿线国家的政治、经济、军事、社会等信息及时进行披露，对所涉及的重大项目的相关风险进行实时的监测和预警，运用大数据和人工智能技术，为“走出去”的企业构建风险防范服务体系。例如，建立国家“一带一路”融资和风险管理委员会，统一管理海外投资经营国别风险，统筹协调相关部门、政策性金融机构的相关工作，并在沿线国家之间建立国家级政策协调对接机制。与此同时，国企与民企均须进一步建立健全境外经营风险评估体系、风险防范机制和境外风险应急体系，增强风险预警能力，提高风险预判水平，有效控制风险，为企业海外运营保驾护航。

4．强强联合，抱团取暖

“一带一路”沿线国家和地区市场潜力大，但蕴藏的市场风险也较高。为此，国有企业要与民营企业、其他所有制市场主体相互协同配合，形成中资企业间有序的良性竞争，避免资源浪费。民营企业要加强与政府的合作，积极参与 PPP 项目，创新合作机制。同时，参与“一带一路”建设的企业也须重视与“一带一路”沿线国家和地区当地知名企业的战略性合作，通过和世界一流企业的战略联盟，借船出海，加快市场开拓进程。

六、主要结论与研究启示

本课题系统地梳理了企业融资的相关理论，以及“一带一路”企业资金融通的现状和相关文献，并在构建起的理论框架的基础上，从风险管控、模式创新和产权性质三个方面对共建“一带一路”倡议下的企业资金融通机制设计进行案例研究，然后将三个“点问题”的研究成果向“一带一路”企业资金融通机制的“面”上推广。本课题得到如下重要的研究结论。

第一，在对BOT和BT两种适用于“一带一路”基础设施建设项目投融资模式的运营模式、融资模式和风险分担特点进行总结的基础上，运用多案例研究方法，探讨“一带一路”参与企业运用资金融通创新模式的现实情况，着重分析企业如何灵活地运用多渠道、多元化的融资来源，主导或参与BOT模式或BT模式下的“一带一路”基础设施建设项目，以及各创新模式对于“一带一路”企业资金融通的适用性。基于此，分别从国家层面、机构层面和企业层面三个视角，提出设立主权投资基金、设立股权基金和企业积极拓展融资渠道三个政策建议，为“一带一路”参与企业拓展融资来源、合理运用资金融通创新模式提供思路和启发。

第二，对未来5年“一带一路”建设企业融资需求情况的分析表明，“一带一路”沿线国家和地区的投融资需求主要体现在基础设施建设方面。基于这一结论，课题在梳理“一带一路”企业融资模式和融资结构特征后，发现企业在“一带一路”资金融通过程中面临的外部风险主要包括东道国的宏观经济风险、汇率变动风险、营商环境风险和政治风险；内部风险主要包括投资决策风险、经营风险、合规风险等；此外，以银行贷款为主的融资模式给企业带来了较高的资金偿还压力和违约风险。进一步地，课题以中国中车雅万高铁项目作为典型案例进行风险识别和风险管控分析。最后，从建立风险预警机制、加强债务风险管理、树立本土化的经营理念三个角度出发，由点及面提出“一带一路”企业资金融通风险管控的相关建议。

第三，运用定性研究方法，分别分析了国有企业与民营企业在参与“一带一路”建设中面临的资金融通问题。对国有企业来说，国际货币汇率波动风险高、融资来源单一、融资可持续性差的问题更为突出；而如何从国内外金融机构获取期限匹配、成本适中的金融支持是民营企业面临的最为突出的资金融通难题，同时，民营企业面临着技术创新、人力资源等瓶颈，使得企业往往在与政府或者商业谈判中处于劣势，管理成本高，间接阻碍了企业获得金融支持。对此，在充分研读“一带一路”政策文件的基础上，通过加大金融支持力度、积极拓展融资渠道、健全风险防控体系、强化合作意识、加强文化与金融融合五个资金融通机制，进一步考虑不同产权性质企业的特征，细化机制设计细节，从而强化“一带一路”企业资金融通机制的现实适用性。

参考文献

[1] 谷留锋．债务融资偏好与我国企业海外并购融资方式研究［D］．南开大学，2014.

[2] 郭桂霞，赵岳，巫和懋．我国“走出去”企业的最优融资模式选择——基于信息经济学的视角［J］．金融研究，2016（08）：111－126.

[3] 胡鞍钢，地力夏提·吾布力，杭承政，高宇宁．一带一路“先行军”与“主力军”——对央企的调研与分析［J］．清华大学学报（哲学社会科学版），2017，32（03）：5－14＋198.

[4] 李淼．构筑“一带一路”绿色金融大动脉［J］．中国战略新兴产业，2015（18）：26－29.

[5] 李淑静，贾吉明，王秀丽．“一带一路”背景下我国对外工程承包企业“走出去”研究［J］．现代管理科学，2015（07）：15－17.

[6] 刘丁，苏桑兰·文沙拉欣．“一带一路”战略实施中的金融法律风险研究——以老挝为例［J］．理论月刊，2017（03）：102－106＋118.

[7] 陆长平，袁洋，杨柳．“一带一路”倡议下中国企业走出去融资路径研究——基于货币政策视角［J］．国际贸易，2019（01）：52－58＋82.

[8] 罗煜，王芳，陈熙．制度质量和国际金融机构如何影响PPP项目的成效——基于“一带一路”46国经验数据的研究［J］．金融研究，2017（04）：61－77.

[9] 吕臣，陈廉．民营中小企业深度融入“一带一路”产能合作的困境与建议［J］．经济纵横，2019（06）：62－67.

[10] 马翔，李雪艳．“一带一路”战略背景下的资金融通问题研究［J］．内蒙古社会科学（汉文版），2016，37（01）：14－19.

[11] 田益豪，蒋瑛．“一带一路”建设金融支持与合作的进展、挑战和对策研究［J］．新疆社会科学，2018（05）：52－62＋163.

[12] 王镝，杨娟．“一带一路”沿线国家风险评级研究［J］．北京工商大学学报（社会科学版），2018，33（04）：117－126.

[13] 王刚，龚六堂．浅析高速铁路对“一带一路”沿线区域产业发展的影响［J］．产业经济评论，2018（02）：47－53.

[14] 王玉柱．主权基金如何参与一带一路基建融资［J］．开放导报，2016（02）：93－96.

[15] 魏明海，刘峰，施鲲翔. 论会计透明度 [J]. 会计研究，2001 (09)：16-20+65.

[16] 夏彩云，贺瑞. “一带一路”战略下区域金融合作研究 [J]. 新金融，2015 (07)：34-38.

[17] 向东，张睿，张勋. 国有控股、战略产业与跨国企业资本结构——来自中国A股上市公司的证据 [J]. 金融研究，2015 (01)：193-206.

[18] 肖钢. 制度性开放：构建“一带一路”投融资新体系 [M]. 北京：中国金融出版社，2019.

[19] 张中元，沈铭辉. “一带一路”融资机制建设初探——以债券融资为例 [J]. 亚太经济，2018 (06)：5-14+146.

[20] 中国人民银行国际司. “一带一路”倡议与对外投融资合作框架 [M]. 北京：中国金融出版社，2019.

[21] 朱萌，戴慧. 中国企业实施“走出去”战略的融资风险控制研究 [J]. 国际贸易，2016 (05)：48-51+64.

"一带一路"倡议合作背景下中非经济贸易合作新模式（经济特区）投融资模式

◎ 郭红玉　王可　刘曼琳　赵芷娟

一、中国企业与"一带一路"沿线国家结算方式选择研究

国际结算是指世界各国对因经济贸易、政治活动、文化交流等而发生的债权债务关系进行的清算和货币收支活动。随着中国与"一带一路"沿线国家贸易额的增加，国际结算方式的选择显得越发重要。在目前日趋复杂的国际经贸环境中，国际结算不仅承担了贸易清算和跨境支付的职责，还为企业提供授信、担保等一系列金融服务，我国企业在"走出去"过程中选择恰当的结算方式，不仅能够提升结算效率、促进国际贸易，还能够帮助企业规避和分散风险，保护企业的合法权益和长远利益。本文在分析不同的国际结算方式的特征和风险的基础上，结合对"一带一路"沿线国家的主权风险、金融基础设施和与中国贸易结构不同的总结，对中国企业在国际结算方式选择上给予有针对性的建议。

（一）国际结算方式的种类和风险特征

国际结算方式的发展演变是与国际贸易发展的历史进程相互促进的。不同阶段国际贸易的结算需求催生了不同结算方式的出现，而新的结算方式的出现也反过来促进了国际贸易的发展。按照结算方式出现的时间，可以将结算方式大体划分为传统结算方式和新型结算方式两种。

1. 传统的国际结算方式

在以往的国际贸易中，所使用的传统的国际结算方式主要有汇付、托收和信用证三

种。具体内容和风险特征如下。

（1）汇付结算方式

汇付是指汇款方通过银行或者其他途经将货款付给收款方的一种结算方式，按照货物与资金支付的先后顺序可细分为预付货款和货到付款两种。在汇付方式下，银行仅为服务方，而不提供信用。汇付最大的优点就是手续简单，费用较少，但是风险也比较大。在预付货款方式下，进口商面临的风险最大，而货到付款方式对出口商最不利，出口商很可能面临进口商不付款的风险。汇付是目前发展中国家在国际贸易中最主要的结算手段。

（2）托收结算方式

托收是出口商以向银行委托的方式，对国外进口商收取必要款项或劳务费用等的一种国际贸易结算方式，托收的手续相比汇付更多，费用也相对更高。

托收可以细分为即期付款交单、远期付款交单和承兑交单。即期付款交单方式下，出口商将开具的即期汇票从托收行寄到进口地的代收行，进口商审核有关单据无误后，当即付款赎单，货款与单据同时交付。远期付款交单与即期付款交单大致相同，不同点在于，出口商出具的是远期汇票，故需要承兑。但是远期付款交单又与承兑交单有所不同：承兑交单方式下进口商在银行首次通知的时候承兑就可以拿到单据提货，汇票到期后再付款；在远期付款交单方式下，进口商在收到银行首次通知的时候拿不到单据，而是承兑，在远期汇票到期付款以后才能拿到单据。对出口商而言，承兑交单在托收业务下风险最大，因为进口商只需要对远期汇票进行承兑就可以得到提单提取货物，一旦汇票到期但进口商拒绝付款，出口商就会钱货两空。

（3）信用证结算方式

信用证是银行或其他结算机构根据进口商的要求，向出口商开具的一种保证承担支付货款义务的书面凭证。与基于商业信用的汇付和托收相比，信用证作为基于向进口方提供银行信用的一种结算方式，能保障出口商的利益。出口商按信用证规定交货后，只要向开证行提交符合信用证条款的整套货运单据，就能得到开证行支付的货款，而无须担心进口商因经营状况不佳拒付。因此，信用证支付方式下，出口商的利益能得到有效保障。

信用证的优点是出口商和进口商面临的风险相对较小，但是缺点是手续繁杂，费用较大，同时，也要注意信用证本身是否有问题，比如开证银行资信状况、信用证和合同是否相符、信用证内容是否完整、信用证是否存在生效条款或存在“软条款”等，还需要注意出口企业的单据是否符合信用证要求。

（4）三种传统结算方式的比较

图 1 是一张网状图，从手续、费用、出口商风险、进口商风险和资金负担等角度，

对三种传统的结算方式进行了直观比较。图中，每一种结算方式的边线越靠近外边缘，就意味着该种结算方式的手续越繁杂、费用越高、风险越大、双方资金负担越不平衡。从图 1 可以得出，在汇付的“预付货款”和“货到付款”两种方式下，出口商和进口商分别会面临着最大的风险，但是手续少，费用低；而信用证下两者的风险平均而言较低，但是手续较复杂，费用较高。

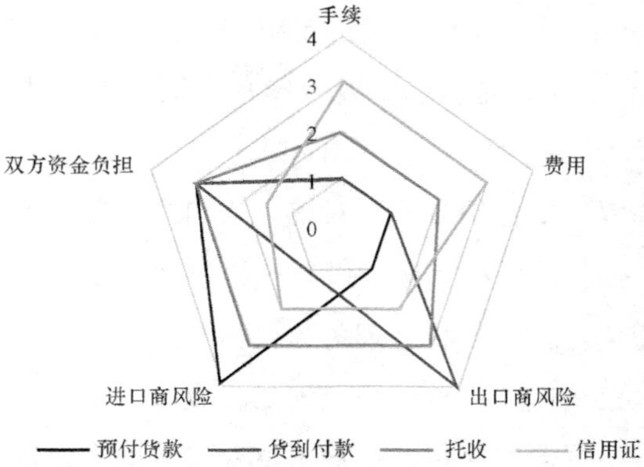

图 1　汇付、托收和信用证三种结算方式特征比较

资料来源：根据公开资料整理。

2．新型的国际结算方式

随着国际贸易的不断深入发展以及互联网信息技术的进步，许多新型的国际结算方式应运而生，比如国际保理、福费廷、备用信用证，以及 BOLERO 电子交单信用证、银行付款责任（BPO）和区块链等。这些结算方式往往依赖于结算机构提供的增值服务以及更为完善的金融基础设施，能够为企业的国际结算提供多维度的支持和帮助。

（1）国际保理结算方式

保理（Factoring）是保付代理的简称，在以托收或是赊销方式结算时，卖方为了更好地管理应收账款，增强流动性，将其现有或未来可能的在与买方进行货物销售或服务提供中产生的应收账款转让给保理商，保理商负责向卖方提供资金融通，对买方进行资信评估，以及进行销售账户管理等一系列服务。

保理业务分为国际保理和国内保理。截至 2017 年，保理业务仍以国内保理为主，国际保理仅占 19%，虽然比重不高，但是国际保理业务在国际贸易中的运用比较早。1968 年国际保理商联合会（FCI）成立，国际保理业务开始发展，到 2017 年，FCI 的全球会员数量已经超过了 350 个，其会员的总保理金额占全球保理金额的 53%，而会员的国际保理金额则占到全球国际保理的 88%[①]。

① 此段数据来源于 2018 年 FCI 国际保理报告。

分地区来看，如图 2，国际保理量最大的是欧洲，占到全球国际保理的 66%，亚太地区排名第二，占到 30%，其他地区比重相对较小。

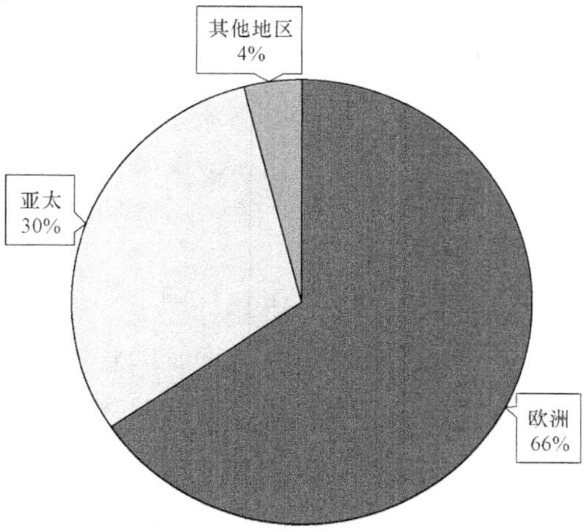

图 2　2017 年世界各地区国际保理量占全球国际保理比重

资料来源：https://fci.nl/en/solutions/statistics2018。

从区域和国家层面细分来看，如图 3，国际保理占全球国际保理比重最大的是法国，达到 14.69%，其次是德国，占到 13.82%，中国国际保理业务量则占到 12.47%，位居全球第三，国际保理量前十的国家和地区占到全球总量的 84.58%。由此可知，国际保理业务在国际上的运用尚存在局限，地区集中度较高，其在全球的普及度有待提升。

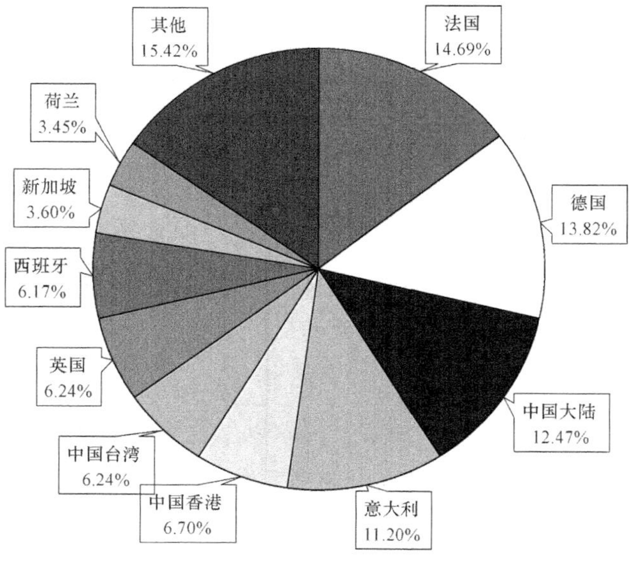

图 3　2017 年世界各国和地区国际保理量占全球国际保理比重

资料来源：https://fci.nl/en/solutions/statistics2018。

国际保理业务对于出口商、进口商以及开展保理业务的银行而言都是有利的。出口商在货物出口后，就可以获得预付款融资和贴现融资，特别是那些出口业务增长性好又急需资金的中小企业，运用保理业务，可以便捷地得到融资。对进口商而言，国际保理充分利用了应收账款，让出口商更愿意接受赊销，进口商因此可以通过有限的资金购进更多的货物，同时减少了使用信用证的费用，节约了成本。对银行而言，保理业务拓展了其业务品种，扩大了其服务范围，增加了利润来源。

（2）福费廷结算方式

福费廷是贸易融资中一项为资本货物进出口提供中期金融支持的服务。提供福费廷的第三方机构向进口商收取保证金，承担出口商面临的全部风险和进口商的部分风险。福费廷主要运用在延期付款的大型设备贸易中，有风险防范、贸易融资等优点，满足了出口商的避险和融资需求，该领域的全球化组织国际福费廷协会（IFA）目前已有超过150个成员。出口商把经进口商承兑或经第三方担保的，期限为半年至六年的远期汇票，无追索权地售予出口商所在地的银行或其他金融机构，提前取得现款。福费廷是出口信贷的一种，可以改善出口方现金流，最大的特点就是无追索权。出口商放弃对所出售债权凭证的一切权益，将收取债款的权利、风险和责任转嫁给银行或其他金融机构，而金融机构也必须放弃对出口商的追索权。出口商通过福费廷获得的资金融通不占用银行授信额度，且融资期限为1个月至10年不等，对于出口商而言意义重大，可获得各种期限的资金融通。

（3）备用信用证结算方式

备用信用证也叫做担保信用证，是指不以清偿商品交易的价款为目的，而以贷款融资，或担保债务偿还为目的所开立的信用证。备用信用证业务属于银行的信用，开证银行在保障开证申请人未能履行相应义务时，受益人向开证银行开出汇票，提交相关的开证申请人没有履行相关义务的证明，就可以获得开证银行的赔偿。因此，备用信用证业务对于受益人而言，就是如果开证申请人毁约的话，能够获取相应的补偿。但是，如果开证申请人能够按期履行自身的义务，受益人就不需要开证银行进行相应的赔偿。

传统的备用信用证一般用于投标、预付款以及赊销等业务，或者用在具备融资性质的还款保障中。目前，一些国家已经将备用信用证业务运用在买卖合同的货款支付中。从实际情况来说，备用信用证业务不会直接用在相关费用以及货款的支付过程中，而是和商业性质的支付形式一起构成相应的支付联合机制。大多数跨国公司向我国银行申请贷款的时候，都会把外资银行的相关备用信用证当作贷款的担保，我国商业银行在相关业务中也会开具备用信用证，可见备用信用证业务的使用在我国正逐步普及。

（4）电子结算方式

① 电子交单信用证

随着互联网金融的发展和线上金融业务的完善，信用证的电子交单逐步成为信用证的一种新型应用方式。电子交单是指通过电子记录代替纸质单据而实现更便捷、高效的交易的方式。提单电子注册组织（Bill of Lading Electronic Registry Organization，BOLERO）是一个以互联网为依托的、开放的跨产业的交易平台，进出口商、银行、承运人、保险公司等共同加入，通过 BOLERO 系统实现各种贸易单据的传递及物权的变更与流转。BOLERO 电子交单信用证，即通过 BOLERO 进行电子交单和物权流转的信用证。除 BOLERO 系统外，还有美国的 TradeCard 系统和 CCEWeb 系统，但两者均没有明确表示遵循国际 eUCP 惯例和法律的约束，因此 BOLERO 电子交单信用证在全球范围内的使用最为广泛。

② 银行付款责任（BPO）

银行付款责任（Bank Payment Obligations，BPO）是由 SWIFT 组织为了满足全球供应链发展的需要研发推出的一种新型的贸易金融工具，付款银行通过 SWIFT 研发的云应用 TSU（Trade Service Utility）等电子平台，向收款银行做出的独立的、不可撤销的即时或延期付款责任承诺。ICC 2013 年（International Commercial Chambers）制定了 URBPO（BPO 统一规则），规范了 BPO 业务的标准，此后 BPO 业务开始得到广泛的应用。

③ 区块链

区块链是一串使用密码学方法相关联产生的数据块，每一个区块的产生需要所有数据块验证信息。传统的结算方式需要的时间较长、手续费较高，且存在跨境支付诈骗等风险。将区块链技术应用于国际贸易，可以省去中间金融机构的成本，同时，时间上受限较小，可以 24 小时支付且跨境支付时间较短。去中心化、灵活快捷、安全性高、记账速度快、成本较低、互相监察验证等优点使得各国都开始尝试布局区块链支付结算，具体的事件见表 1。

（二）我国国际结算方式发展历程与趋势

我国国际结算方式的发展与中国改革开放紧密地联系在一起，经历了外贸专营、外贸承包责任制、市场经济外贸体制和外贸全面开放四个时期。

表 1　　近年来各国金融机构使用区块链支付的尝试

时间	事件
2015 年 6 月	新加坡央行出资 2.25 亿美元支持区块链记录系统项目
2016 年 5 月	俄罗斯支付服务巨头 Qiwi，宣布正在开发自己的区块链系统，旨在替代处理中央支付数据的数据库
2016 年 6 月	加拿大央行宣布开发基于区块链的数字化加元
2016 年 7 月	加拿大最大的银行之一 ATB Financial 宣布成功利用 SAP 和 Ripple 公司的区块链技术，将跨境支付时间从 6 个工作日缩短至 20 秒
2016 年 9 月	英国央行计划在 2020 年之前升级支付系统或引入区块链应用
2017 年 3 月	招商银行率先完成了区块链技术与银行业务的结合，于 2017 年 3 月、9 月先后两次实现区块链跨境支付业务

资料来源：上述银行官方网站。

1．国际结算方式发展历程

（1）外贸专营时期（1949—1978 年）

与计划经济相适应，这一阶段我国实行由外贸部统一领导和管理，由专业外贸公司统一经营的、高度集中的对外贸易体制。这一时期，中国出口的商品大多以预付货款、信用证和双边记账结算方式为主，赊销出口几乎为零，以赊销为基础的国际保理等结算方式也没有得到运用。

（2）外贸承包责任制改革时期（1979—1993 年）

1979 年开始，国家出台了一系列的外贸体制改革方案，打破了外贸专业公司垄断经营的局面，外贸公司数量显著增加，外贸企业逐渐走向现代化企业发展道路，我国的外贸局面发生了一定的变化。以预付和信用证结算为主的方式逐渐减少，赊销方式越来越多，保理等业务开始起步。1992 年，中国银行在我国率先推出国际保理业务，并于 1993 年 2 月成为首位在国际保理商联合会注册的中国籍会员。

（3）市场经济下的外贸体制确立期（1994—2001 年）

1994 年，中国政府开始了以汇率并轨为核心的新一轮外贸体制改革，旨在发挥汇率对外贸的重大调控作用。在这个阶段，我国国际结算方式还是以传统的汇付、托收和信用证为主。

（4）外贸全面开放时期（2002 年至今）

加入世界贸易组织后，我国的外贸政策向自由和开放转变，外贸行业步入了飞速发展的阶段。国际贸易结算方式趋向多样化，组合运用更加普遍，比如备用信用证和汇付方式的结合使用，备用信用证和托收方式的结合。随着贸易额的迅速上涨，赊销愈发盛行，与赊销相关的国际保理业务也有了一定的发展。

电子结算方式在此阶段也有了一定发展，但总体发展速度较慢，截至 2016 年，中国有 11 家银行加入了 TSU 平台，其中仅 4 家银行正式采用了 BPO。诚然，中国的银行也曾较早地尝试运用电子化手段来处理国际及国内信用证结算业务，如 2002 年 9 月，招商银行开出了国内第一张人民币电子信用证，2007 年 10 月，中国银行成功完成了中国第一笔 BPO 业务。但总的来说，国内商业银行对国际结算的电子化并未给予足够的重视，直接参与和使用的也很少，主要是受到金融科技水平的限制。

2．国际结算方式发展趋势

随着中国对外开放的进程不断推进和深入，与全球各个国家的经贸往来日趋密切。尤其是共建"一带一路"倡议提出以来，中国与中亚、非洲等地区的经贸合作快速增长，这些地区的金融基础设施相对薄弱、国别风险较为复杂，双边贸易的发展对结算方式的安全性、便捷性提出了更高的要求。在这种背景下，传统的信用证、托收、汇款等结算方式已经不能满足中国企业日趋多样化的结算需求，国际保理、福费廷、备用信用证等引入银行信用，为进出口业务提供融资支持的结算方式成为进出口企业新的结算方式选择。由于引入银行等第三方机构的信用支持，企业在进出口贸易中能够根据贸易对象所处的地区和国别，通过选择合理的结算方式在一定程度上规避风险，提高对外贸易和资金结算的安全性。全球范围内互联网基础设施和网上金融服务的完善也给解决跨境支付中存在的问题提供了新的思路和选择。相比于以往纸质化的单据和结算，电子化的支付结算方式在结算效率、安全性等方面具有明显的优势，但对贸易对象所处的国家的信息通信设施和网上交易系统具有较高的要求。

总体而言，中国企业国际贸易中的结算方式经历了从单一的资金结算向融资、担保等综合性的结算服务方式的转变；目前依托于信息通信技术的线上化、电子化结算方式也在得到不断的应用和发展。

（三）中国与"一带一路"沿线国家国际结算方式选择

每一种国际结算方式都有其便利和风险，"一带一路"沿线国家，因其主权风险、金融基础设施以及与中国贸易结构的不同，在结算方式选择上，应有针对性，在保证结算效率的基础上，降低结算风险。

1."一带一路"沿线国家主权信用风险

中国社会科学院世界经济与政治研究所发布的《中国海外投资国家风险评级报告（2017)》对 35 个"一带一路"沿线国家进行了评级，占当时"一带一路"沿线 64 个国家的一半以上。包括新加坡、以色列、捷克、匈牙利和希腊 5 个发达经济体，以及阿联酋、沙特阿拉伯等 30 个新兴经济体。从区域分布来看，涉及非洲国家 1 个、欧洲国家 10 个、亚太国家 24 个。从具体评级结果看，低风险级别（AAA－AA）仅有新加坡 1 个国家；中等风险级别（A－BBB）包括 26 个国家，占 35 个国家的绝大多数；高风险级别（BB－B）包括 8 个国家：整体而言，“一带一路”沿线国家主权信用风险较高。

从风险种类结果看，35 个“一带一路”沿线国家除对华关系好于评级整体 57 个国家外，其他几个方面：社会弹性、政治风险、经济基础、偿债能力都不及整体水平，其中政治风险和经济基础明显低于整体的水平。所以，在与“一带一路”沿线国家进行贸易结算的时候，还是会面临较大的不确定性，因此，结算方式的选择就显得十分重要。

2.“一带一路”沿线国家金融基础

在国际贸易结算中，对方国家金融基础对其结算风险也有很大的影响。金融基础越好的国家，其银行信用一般较高，依靠银行信用的信用证等结算方式会更加可靠。表 2 反映了“一带一路”沿线国家中与中国贸易额最大的国家的金融基础。2017 年，“一带一路”沿线国家中，与中国贸易额前十的国家分别是韩国、越南、马来西亚、印度、俄罗斯、泰国、新加坡、印度尼西亚、菲律宾和沙特阿拉伯，相应国家的金融基础如表 2 所示。

表 2　“一带一路”沿线部分国家金融基础

国家	国内金融基础	与中国金融机构往来
韩国	多家商业银行、外资银行、地方银行可以提供融资、贸易结算等表内业务服务	韩国多家商业银行在中国设立分行；中国银行、中国工商银行、中国建设银行、中国交通银行、中国农业银行、中国光大银行在韩国设立分行，国家开发银行在韩国设立工作组
越南	国有银行 4 家，股份商业银行 31 家，金融公司 16 家，融资租赁公司 11 家	中国工商银行、中国农业银行、中国银行、中国建设银行、中国交通银行在越南设立分行，国家开发银行在越南设立工作组
马来西亚	主要商业银行 5 家，主要外资银行 6 家	马来西亚有 3 家商业银行与中国银行合作较多；中国银行、中国工商银行和中国建设银行等中资银行在马来西亚设有分行
俄罗斯	商业银行 908 家，其中，大型商业银行 7 家，正常经营的商业银行 517 家	中国银行、中国工商银行、中国农业银行、中国建设银行在俄罗斯设立分行，国家开发银行、中国进出口银行在俄罗斯设有代表处①。其中，中国工商银行在俄罗斯获得了包括投资银行和企业财务顾问等全面的金融服务牌照
泰国	主要商业银行 6 家	泰国国内商业银行与中国银行合作较密切，中国银行、中国工商银行在泰国设立分行，国家开发银行在泰国设立工作组

① 根据商务部和中国工商银行网站提供的信息，中资银行在俄罗斯业务大致为国际贸易、非贸易结算业务、少量的信贷业务和代办外汇监管，其中，中国工商银行在俄罗斯获得了贸易融资、存款、结算、证券经纪、托管、证券交易、外汇兑换、投资银行和企业财务顾问等全牌照金融服务资格。

续表

国家	国内金融基础	与中国金融机构往来
新加坡	商业银行 210 家，其中，本地银行 4 家，外资银行 206 家	中国银行、中国工商银行、中国建设银行、中国农业银行、交通银行、招商银行、中信银行、上海浦东发展银行均在新加坡设有分行。其中，中国银行新加坡分行和中国工商银行新加坡分行获得新加坡金融管理局颁发的特权全面银行牌照，中国人民银行授权中国工商银行新加坡分行为人民币清算行

资料来源：商务部 2018 版《对外投资合作国别（地区）指南》和中国工商银行网站。

表 2 显示，“一带一路”沿线国家中，与中国贸易额较大的国家的金融基础较好，国内金融机构较多，商业银行一般在中国设立有分支机构，且中资商业银行与其合作较为频繁。对这些国家，中国企业在与其进行贸易结算方式的选择时，采用信用证或是其他依赖于银行信用的方式，比如国际保理、福费廷、备用信用证等都可以很好地降低风险。如果考虑到对方国家的金融科技水平较高，比如新加坡这样的全球金融贸易中心，我们还可以选择更加便捷的电子结算方式。

与以上国家不同，“一带一路”沿线许多国家金融基础薄弱，主要依靠外资银行，本国的银行经营不够规范，这些主要是一些非洲国家，表 3 列示了部分非洲国家的金融基础情况。

表 3　　“一带一路”沿线部分非洲国家金融基础

国家	国内金融基础	与中国金融机构往来
利比里亚	商业银行 9 家，其中 8 家为外资银行	中资银行未在利比里亚开设分支机构
坦桑尼亚	商业银行 39 家，其中，国有控股和本地私有商业银行资金薄弱，风险较大；外资银行信用较高，但费用率也较高	中国商业银行、中华大盛银行在坦营业，中国银行在坦设有代表处
肯尼亚	商业银行 42 家，其中政府控股的 3 家，当地控股的 25 家，外资控股的 14 家	肯尼亚的 7 家商业银行和外资银行与中国国内银行合作较紧密，中国银行在肯尼亚设立代表处，中国国家开发银行、中国进出口银行在肯尼亚设立工作组
刚果（布）	商业银行 11 家以及 1 家互助储蓄社	中刚非洲银行是中国四大商业银行在中西非区域设立的唯一分支机构，也是中国农业银行在海外的第一家合资银行，中国进出口银行和国家开发银行在刚果（布）设立代表处和工作组
埃塞俄比亚	商业银行 15 家，其中，3 家为国有银行，12 家为私人银行机构	中国国家开发银行、中国进出口银行、中非发展基金在埃塞俄比亚设立工作组
赞比亚	商业银行 19 家，其中外资银行在市场上居主导地位	中国银行在赞比亚设有分行

资料来源：商务部 2018 版《对外投资合作国别（地区）指南》。

从表 3 可以看出，“一带一路”沿线的非洲国家，国内的商业银行不占据市场主导地位，对外贸易结算等很大程度上依赖外资银行，优点是外资银行可以提供较为可靠和标准化的服务，缺点是费用较高。

同时，相比贸易额较大的国家，中资商业银行与这些国家金融机构的合作不紧密，进行贸易结算合作的风险就会相应增大。在贸易结算方式的选择上，由于这些国家金融科技不够发达，因此，电子化结算方式不适用，考虑传统的托收或是信用证等方式较为稳妥。

其他地区的金融基础不再逐一列举，总体而言，东亚、南亚、大洋洲、欧洲、拉丁美洲地区国家金融基础较好，中亚次之，非洲国家较差。

3.“一带一路”沿线国家与中国贸易结构

根据《“一带一路”贸易合作大数据报告（2018）》的统计，2017 年，中国对“一带一路”沿线国家出口商品主要集中于核反应堆和锅炉等机电类商品以及电机电气设备等，二者合计占中国对“一带一路”沿线国家出口额的 38.2%。而中国自“一带一路”沿线国家进口商品主要集中于矿物燃料和电机电气设备，二者合计占中国自“一带一路”沿线国家进口额的 50.3%。从贸易方式看，一般贸易进出口总额约占 60%，进料加工贸易接近 20%，其他贸易再次之，来料加工与边境小额贸易则占比较少。具体数据如图 4、图 5 所示。

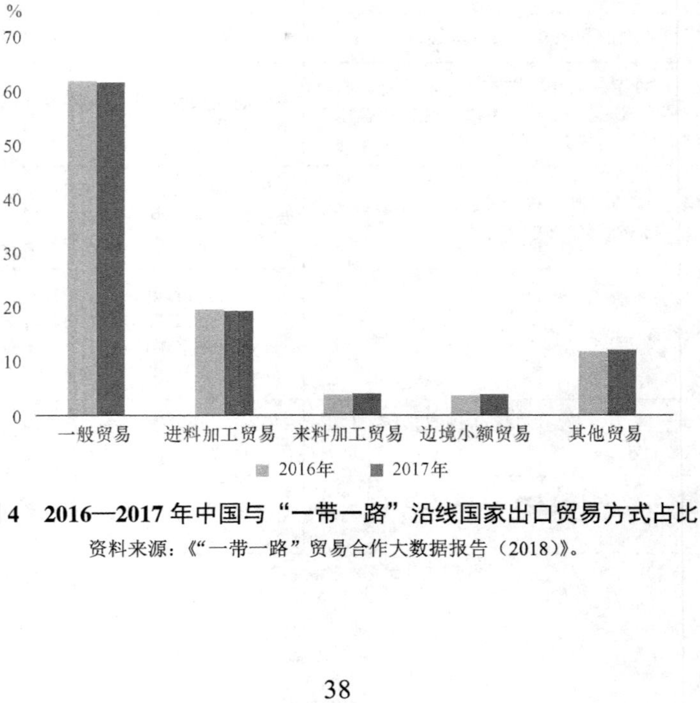

图 4　2016—2017 年中国与“一带一路”沿线国家出口贸易方式占比

资料来源：《“一带一路”贸易合作大数据报告（2018）》。

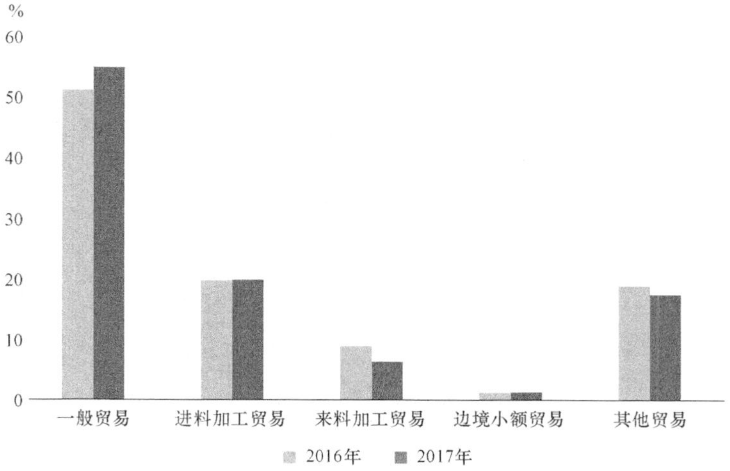

图 5　2016—2017 年中国与“一带一路”沿线国家进口贸易方式占比

资料来源：《“一带一路”贸易合作大数据报告（2018）》。

分地区来看，边境小额贸易在我国对“一带一路”沿线国家出口贸易方式中占比最大的地区为中亚，具体各部分比重如图 6 所示。小额贸易的结算方式可能多为简单的汇付或是现金结算，涉及与银行信用相关的信用证、国际保理等结算方式不多，也较少涉及用于大型设备交易的福费廷结算。

4．中国企业国际结算方式的选择

中国企业在与“一带一路”沿线国家经贸往来的过程中，对于结算方式的选择应主要考虑以下因素：交易性质、风险暴露和双边关系。交易性质包括贸易的方式、货物种类、进口或出口等，是结算方式选择的决定因素；风险暴露主要考虑由于交易对象所处国家的政治、经济和法律风险可能对交易造成的影响及带来的损失；双边关系则包括企业与交易对象以及中国与交易对象所在国家的双边关系对贸易可能产生的影响。

从交易性质而言，中国与“一带一路”沿线国家的一般贸易方式占据多数，如图 7 所示。在此方式下，贸易结算可以使用较为常用的信用证等方式，而进口商在进料加工下比来料加工面临更大的风险，因为进料加工需要进口企业自行购买原料，来料加工由对方提供原料，因此，进料加工下结算方式的选择应该更加注重对方的信用，结算交单的规范等。在边境小额贸易方式下，中外交易双方多为小规模企业或个人，结算方式的选择多为现钞结算或汇付，此时应当注意相应的收汇凭证以及办理程序的规范。

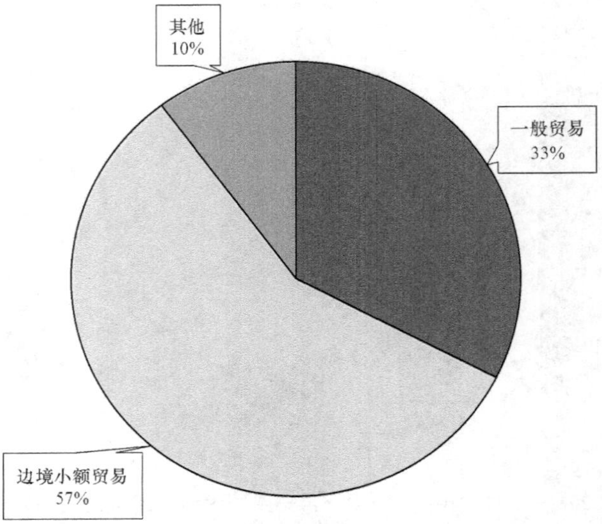

图 6　2017 年中国与中亚地区出口贸易方式占比

资料来源：《"一带一路"贸易合作大数据报告（2018）》。

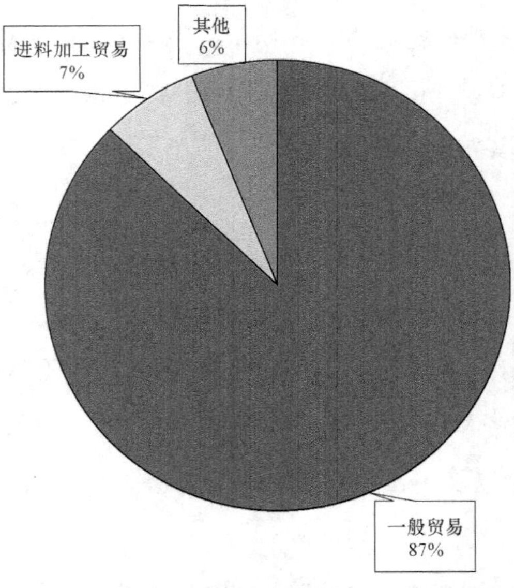

图 7　2017 年中国与中亚地区进口贸易方式占比

资料来源：《"一带一路"贸易合作大数据报告（2018）》。

从风险暴露来看，"一带一路"沿线中亚和非洲地区国家主权信用评级不高，部分地区政治局势复杂多变，且地区金融基础有待进一步发展，因此，新型的结算方式和电子化结算手段缺乏相应的基础设施。尤其是一些国家和地区的金融系统不够稳定，能够提供的结算服务较为单一、安全性较差。在主要依靠传统的结算方式的背景下，中国企业在结算时需要更加注重贸易伙伴的信用，无论是自由兑换货币结算还是以毗邻国家货币结算，都应按照规定办理进出口收付汇核销等手续，通过交易方式和手续的规范化尽量规避贸易伙伴所处国家的国别风险。

从双边关系来看，“一带一路”沿线国家与中国的政治互信相对较高，但部分地区也存在对中方企业态度多变、政治局势不稳定等因素；当地部分企业由于投资人和实际控制人变更，也可能出现对中方企业的态度在短期内发生变化的可能性。尤其是多党派轮流执政或反对派影响力较强的国家，执政当局政治立场或执政集团的更换都可能对我国企业的正常商业经营行为产生影响。对于双边关系存在较多不确定性的国家和地区，在贸易往来中应尽量选择能够规避和分散风险的方式：出口企业可以要求对方先支付货款，进口企业则可要求先货后款的支付方式；此外可以在支付结算中引入进出口信用保险等第三方机构的保险服务。

总体而言，在进行贸易结算方式的选择时，既要看到对方可能存在的各种风险，包括来自贸易伙伴的商业风险、银行的信用风险、国家的政治经济风险等，同时还要了解各种结算方式的优劣势，基于双方可以实现的金融基础条件，充分利用好电子化的结算方式，最后要结合双方的贸易方式，针对不同贸易方式，选择最优的结算手段。

二、“一带一路”背景下中国企业对非洲国家投资安全性研究

“一带一路”建设背景下，中国企业“走出去”步伐加快，中非国际合作扎实推进，贸易往来稳步发展。本文基于中国企业对非洲主要国家投资的安全视角，研究非洲主要国家对海外投资管理的法律法规特征。非洲国家法律制度主要承袭欧洲，具有法律层次复杂、环境和劳工保护标准高、对外国投资行业限制严格等特点，因此，完善中国企业对非投资策略和维护中国企业对非投资权益，是有效提高对非投资安全性，稳步推进中非经贸合作，和谐共建“一带一路”开放性、包容性的重要举措。

中非经贸合作全方位、多层次发展，中国企业加快了对沿线国家，尤其是非洲国家的投资。2013 年至 2018 年，中国企业对“一带一路”沿线国家直接投资整体呈上升趋势，对非直接投资存量由 2013 年末的 261.9 亿美元增长至 2018 年末的 460 亿美元，增幅约为 75.6%；截至 2018 年底，中国在非洲设立的各类企业超过 3 700 家，形成了制造装备、轻工纺织、家用电器等多个产业群，提升了当地工业化水平、产业配套和出口创汇能力。与“一带一路”沿线其他地区相比，作为中国重要贸易伙伴的非洲国家多数政

治不稳定，经济基础较为薄弱，法律法规不够健全，虽然非洲主要国家在投资活动方面多对外国自然人及企业持积极态度，实施国民待遇，但中国企业在这些国家进行投资仍面临着较高的综合风险。

（一）相关研究文献评述

自2000年中国“走出去”战略实施以来，学界对中国企业对外投资中的影响因素和面临的合规风险进行了广泛的探讨。由于以往中国直接投资的东道国以发达国家为主，因此，发达国家的合规要求成为关注的重点。

在强化全球竞争力、提升中国企业国际形象上，王志乐（2012）指出，为适应全球企业竞争的新局面，中国企业应强化对外投资的社会责任，尤其是强化企业合规经营；黄勇（2012）认为，中国企业应正确评估自身市场地位和行为可能造成的影响，加强反垄断领域的合规意识；余菁等（2014）认为，中国企业应积极适应国际社会中安全审查制度和“竞争中立”原则。随着共建“一带一路”倡议的提出和全球跨国投资环境的变化，中国与发展中国家的经贸往来不断升温。相对于发达国家，发展中国家的法律体系不完善、政治局势复杂。孙文斌（2018）认为，中国企业面临着不熟悉东道国的法律和政策所带来的经济和名誉风险。宗芳宇（2019）指出，近年来发达国家加强对外投资的合规和安全审查，而发展中国家积极引进外资，国际跨境投资环境发生了显著的变化。非洲国家作为中国重要的贸易伙伴，以往的研究主要关注非洲投资中的风险因素和机遇。非洲资源丰富，劳动力价格低廉，开发非洲市场，加强与非洲的经贸合作，可以弥补我国的资源短缺（赵汪洋，2010）；中国民营企业对非洲的投资以制造业和服务业为主，且更倾向于投资已有的东道国（张娟，2013）；对非洲投资的过程中应注重树立良好的国家形象，加强同非洲的战略合作（唐颖，2015）。未来中国民营企业将深入发掘非洲交通基础设施建设市场，纺织业等劳动密集型产业将加速对非转移（张小峰，2015）。

在以往的研究中，学者们对中国对非投资的路径、风险、影响因素等进行了深入的探讨，但对于中国企业对外投资的合规风险的关注主要集中于发达国家。随着“一带一路”建设的深入推进，中国与非洲国家的经贸往来和直接投资呈现出良好的发展态势，由于非洲国家的法律体系较为复杂，中国企业对非投资的合规风险成为影响对非投资安全性的重要因素。本文总结了中国对外投资的合规经验和对非投资的合规事件，从法律层面分析非洲投资环境的风险因素，为提高“一带一路”对非投资的安全性提供建议。

（二）中国企业对非投资合规风险的特征

自2001年中国加入世界贸易组织以来，中国企业对外投资稳步增长，中国在全球外国直接投资中的影响力不断扩大。2018年，中国对外直接投资1 430.4亿美元，在全球占比 14.1%；对外直接投资存量达 1.98 万亿美元，在全球占比 6.4%：两项比重均创历史新高。根据《中资企业海外安全风险评估报告（2018）》，中资企业在海外遭遇的各类重大安全风险事件共 413 例，其中来自非洲的为 49 例。本文总结了中国企业在对外直接投资过程中积累的合规经验，对照近年来对非洲国家投资中的合规事件，为“一带一路”建设实施中加强对非投资的安全性提供借鉴和参考。

1．合规风险的特征

合规风险的定义最早由巴塞尔银行监管委员会提出，狭义的合规风险特指银行由于未能遵循法律法规、监管要求以及其他准则而遭受法律制裁、监管处罚、财务和声誉损失的风险。本文中的合规风险则是内涵更为广泛的概念，包括各类企业在境外商业活动中，由于未能遵守东道国、国际组织、区域组织的法律法规导致的风险。企业海外投资的合规风险与东道国的法律体制和政治态度有密切的关系，以往中国企业对外投资面临的合规风险主要有以下三个特征。

首先，高政治敏感度行业监管严格。中国企业对外直接投资行业分布广泛，门类较为齐全。对制造业的海外投资主要流向化学原料和化学制品制造、计算机/通信及其他电子设备制造、医药制造、铁路/船舶/航空航天和其他运输设备制造、专用设备制造、金属制品业、有色金属冶炼和压延加工业等基础行业。中国企业部分投资项目涉及具有较高政治敏感度的能源业、电信通讯、军事国防等领域，投资所在国在接受外国企业投资时，通常在行业准入及经营领域多方面做出严格的审核和限制。中国企业在选择对发达国家投资项目中，因对法律监管方面的合规规定研究不细致，出现过海外投资交易失败的案例。例如，2005 年，中海油竞购美国石油公司尤尼科（Unocal Corporation）时，遭到美国众议院反对，反对的理由是对美国第九大石油公司的收购将影响“美国的经济安全和国家安全”。2017 年，中资背景私募基金凯桥（Canyon Bridge Capital Partners）收购美国莱迪思半导体（Lattice Semiconductor Corporation）的交易被暂停，原因是美国监管部门认为，此次收购针对的芯片制造行业是涉及“国家安全利益”的敏感领域，收购行为易造成技术外流。中国企业的海外收购经历表明，以美国为代表的西方发达国家，虽然号称实行市场经济，均未对海外投资涉及国家利益的具体内容和项目做出详细阐述，但相关原则、声明及法律条例无不关乎国家安全利益，具有高度的政治敏锐性。

其次，受合规审查企业主体及环节集中。以往中国企业在海外受到合规审查的主体多为国有企业。由于经济体制不同，东道国对于投资企业是否独立于所属国家政府非常敏感，中国企业因其国有性质极易引发东道主国家的谨慎监管，审查环节集中在企业的经营环节、员工的行为规范及第三方业务往来。国有控股企业在我国对外投资中占有绝对重要的比重。2017 年，中国对外非金融类投资流量中，51.3%由国有经济控股的境内投资者贡献，投资金额达到 715.6 亿美元；48.7%来自非公有经济控股的境内投资者，投资金额为 679.4 亿美元。2017 年末，中国对外非金融类直接投资存量总额为 16 062.5 亿美元，国有企业占据半壁江山，比例达 49.1%。“中兴通讯”事件就体现了中国企业投资发达国家受到合规监管的特征。2018 年 4 月，美国宣布未来 7 年内禁止向中兴通讯销售零部件、商品、软件和技术。禁售起因便是美方根据“长臂管辖”法案认为，中兴通讯涉嫌违反了美国向伊朗的禁售条例，并且没有执行中美协议规定的处罚措施。

最后，东道国对审查主体及审查后果占主动权。美国等发达国家从 20 世纪起便开始建立对海外投资者的所谓合规审查制度，现已建立起完整的专门针对外国敏感性投资的合规审查机构体系。这些机构代表东道国政府利益方，以“管理者”身份出现在解决争议的诉讼中，使得投资争端双方在主体资格上处于不平等的地位。例如，美国外国投资委员会（Committee on Foreign Investment in the United States，CFIUS）以所谓保障国家安全为目的，对涉及外国企业的投资交易进行审核。美国财政部下属外国资产控制办公室（Office of Foreign Assets Control，OFAC），根据美国的外交政策和国家安全目标，管理和执行针对特别指定国民名单（Specially Designated Nationals，SDN）与综合制裁名单的制裁措施。惩罚机制包括：市场禁入、巨额罚款、刑事责任、银行账户冻结及授信限制、次级制裁、交易对方业务异常终止和更换管理层等。当涉及敏感行业时，在投资者母国要求行使外交保护权的情况下，项目投资审查引发的争端还会上升到两国国家层面而充满政治性。这种争议的处理不仅涉及国内法，更涉及相关国际法的问题。

2．对非投资的合规风险高发领域

由于非洲国家的发展阶段、与中国的双边关系以及政治态势与发达国家存在显著的区别，对非投资的合规风险也体现出一定的特殊性，中国企业对非投资中的违规案例主要出现在以下领域。

（1）劳资纠纷与劳动法律风险

劳资纠纷一般是指劳动者与用人单位因执行劳动法律、法规和履行劳动合同而发生的纠纷。西方国家对劳动争议的处理，有的由普通法院审理，有的由特别的劳工法院处理。发达经济体中往往有比较成熟的工会组织代表工人进行劳资谈判，劳资纠纷往往体现为工会组织与企业之间的纠纷。非洲国家虽然是发展中国家，但政府和劳工具有较强的法律意识，强调个人自由、劳工的法律权益，并拥有强大的工会组织。部分中国企业由于合同意识和法律意识不强，忽略了劳动合同和法律规定，没有严格遵守当地劳动法律，因此经常被本地员工举报，造成停工和罚款。违规的行为主要包括：劳动合同的签订不规范、对劳动合同和劳动法律的遵守不到位、随意解雇劳工以及工资水平低于东道国的最低工资标准，缺乏对员工基本权益的保护意识。1998 年，某中资企业通过国际招标收购赞比亚的谦比希铜矿，2011 年，由于薪资谈判破裂，工会组织了超过 2 000 人的罢工行动，造成超过两周的停工停产。类似行为不仅使企业遭受经济损失，同时也严重影响了中国企业在当地的形象，损害了中非长期的友好合作关系。劳动法律违规成为中国企业对非投资与以往的对外投资显著不同的一类合规风险。

（2）环境保护领域的风险

随着全球环保意识的提高，国际组织和各个经济体的环境保护方面的法律法规逐步完善，违反环境保护法律会极大地损害企业的投资安全，造成经济利益和声誉方面的损失。2016 年，某中资企业承建的肯尼亚燃煤电厂项目遭遇了当地居民和环境保护组织的抗议，经过长达三年的诉讼，最终肯尼亚国家法庭下令暂停该项目，要求重新进行环境影响评估。该燃煤电厂项目没有依法将工程计划和项目关键事实向公众披露，也没有充分考虑应对气候变化法案相关条例。违反环境保护领域的法律法规对投资项目而言风险极为严重，一旦发生违规，可能导致投资项目延期或撤销，给中国企业造成巨大的损失。中国企业对非洲的投资涉及大量的能源、矿产项目，因此受到环境保护法规的约束更加突出。随着非洲国家法律制度的完善，环境保护领域的合规风险将是中国企业对非投资中必须考量的关键因素之一。

（3）违规行为与暗箱操作

由于对非洲国家法律体系认识不到位，很多企业在对非洲直接投资过程中法律意识不强，出现了违规行为和暗箱操作，给中国的国际形象造成了不良影响。较为典型的，例如某中资安保公司在肯尼亚拓展业务过程中，竟然出现持旅游签证进行商业活动、运载军警物品等情况；此外，还存在中国企业竟然通过贿赂地方官员获取投资经营许可等行为。

综上所述，中国企业对非洲直接投资中合规事件主要发生在三个领域：劳资纠纷及劳动法律、环境保护和违规操作。劳资纠纷和劳动法律合规事件出现得最为频繁，主要影响短期内企业的正常生产和用工成本；环境保护方面的合规风险可能导致企业投资项目的延期或失败，带来的损失更加严重；而违规操作不仅造成企业经济利益受损，且严重损害了国家和企业形象。

（三）合规视角下对非投资的制约因素

根据中诚信国际对"一带一路"沿线27个重点国家的经济风险、财政风险、债务风险及政治风险的评估得分（其中0代表风险最高，30代表风险最低）制作了网状图（如图8所示）。得分越靠近圆圈边缘的国家，其对应的此类风险越低。图8显示，沿线国家中，东北非、中亚、南亚、东亚国家的综合风险显著高于沿线欧洲国家及新加坡。相应地，对非投资将面临比对发达国家投资更大的挑战。不仅如此，非洲国家法律环境复杂多变，在投资领域、就业岗位、环境保护、劳动保护等方面，对外国投资企业有严格限制。

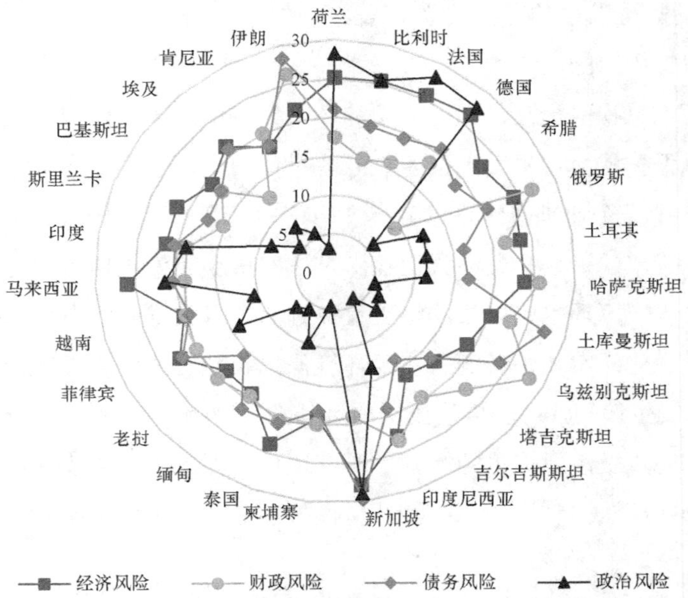

图8 "一带一路"沿线主要国家主权信用次级指标评级得分

资料来源：《"一带一路"沿线国家主权信用风险报告》（中诚信国际信用评级有限公司）。

1. 对外国企业投资行业的准入限制

世界范围内，对于引入外资对东道国国家安全、经济利益、信息保护等方面影响的担忧普遍存在，也是贸易保护主义出现抬头趋势的重要原因。一般而言，发达经济体对于外资的审查更为严格，但近年来非洲地区等发展中经济体也加强对外国企业投资行业的准入限制。从投资行业来看，非洲国家多鼓励中国企业进入高附加值的工业制造业、农业产业链中下游及旅游业等第三产业，这些领域对专业技术或服务水平要求较高且未直接涉及国家安全。相反，非洲各国严格限制直接影响国家安全、社会道德、宗教信仰及社会环境的投资活动，主要领域包括军事领域、国防设施、石油业、采矿业、邮政电信、传媒业等。例如，《几内亚共和国投资法》明确禁止外资企业从事武器弹药买卖制造、邮政电信及满足个人需要以外的水电供应行业，同时对外国企业直接从事期刊出版、广播电视播放等做出了限定。另外一些国家，即使未对以上行业完全禁止，也对诸如采矿规模、经营门槛、审批程序等做出了严格规定，典型的国家有赞比亚和加纳。外资企业投资加纳采矿业，须得到其矿业委员会及环保局的审核批准，且有外国人只能开采25英亩以上金矿的规定。赞比亚政府则对采矿业、能源业、旅游业、金融业等多数行业要求行业许可证。非洲不同国家的投资行业限制具有不同的特点、性质和内容，中资企业需要严格分清政府专营、与政府合资、该国公民专营及外国人允许进入的行业领域，如果不加区分地贸然进入，很可能因为行业限制导致前期投资无效甚至触犯法律，给企业和国家造成重大损失。

2. 环境保护和反腐领域的多层次法律标准

从投资法律法规来看，许多非洲国家独立后加入了国际组织或地区共同体，同样遵守组织内部的法律法规。

随着非洲国家环境保护意识的加强，主要国家均设置了环境保护主管部门，颁布并完善了相关法律条例，包括森林保护、大气污染防治、水体保护、工农业污染及其他防治污染的规定。在进行外来投资项目审查时，环境评估通常是必不可少的环节。在肯尼亚，建设项目前未按程序进行环境评估被视作犯罪行为，企业将被处以罚款或涉事负责人监禁。反商业贿赂也是非洲国家高度重视的环节。几内亚、肯尼亚、赞比亚、坦桑尼亚、尼日利亚、刚果（布）、埃塞俄比亚等国均出台了专门的反贪腐法案或是设有反贪腐委员会一类的机构，对企业之间、企业与政府间的不正当交易行为进行监察。即使是在没有专门反贪腐法案或委员会的安哥拉、加纳和苏丹，也有相关法律对商业贿赂行为做出认定和处罚。中国企业在对非投资过程中，对环境保护、反腐败、反商业贿赂等方面的认识不全、了解不深，导致在很多行业的投资中缺乏主动性。

3. 劳动保护和土地产权领域纠纷集中

从投资环节来看，对非投资易引发合规纠纷的环节主要集中在劳动雇用和土地产权等方面。非洲多数国家均已建立多层次综合性劳（工）动法律体系，对雇佣合同、工资薪酬、社会医疗保险、雇员雇主双方权利义务等方面进行了较为完备的规定，并设有专门的主管部门或监察机构、工会。

出于保护当地公民就业环境的考虑，非洲国家政府还对外籍员工在当地进行的工作进行严格审批核查。一些国家对外国雇员数量进行了比例限制、配额制管理或按照企业投资额进行员工数量分配，如加纳、几内亚、尼日利亚。在劳动许可方面，多国按工作性质及行业分类颁发工作许可证或工作签证，如肯尼亚、坦桑尼亚；在就业岗位方面，如哥斯达黎加、肯尼亚等国为避免影响当地居民就业，规定外籍劳务人员从事的工作基本上是当地居民替代性低的工作，如技术含量要求较高的岗位。中国企业在非洲承包工程的数量多，雇用的建筑员工多为临时工人，大都不具有签署劳动合同和社会保障的条件，这容易受到所在国劳动主管部门的审查。

由于政权更迭及历史问题，有些非洲国家土地权属问题较为混乱，且对外国企业可买卖投资的土地类型做出了明确规定。中国企业出现过因土地产权问题引发的合规纠纷。由于政治制度、文化传统和社会组织的差异，非洲国家的劳动保护、土地产权等领域的法律法规与中国的差异明显，完全了解和厘清这些方面的详细规定需要投入大量的人力、物力，这也成为制约中国企业对非投资的重要因素。

（四）提高“一带一路”对非投资安全性的建议

保障中国企业对非投资安全，是和谐共建“一带一路”的前提和保证，也是实现我国“走出去”战略可持续发展、稳步推进中非经贸合作的重要举措，结合中国对非洲投资合规风险的特征和风险因素，本文从企业行为、投资策略等角度为规避合规风险提供建议。

1. 推进企业境内外合规建设

首先，中国企业对非投资需要充分了解和遵守中国相关境外经营法律法规的合规要求，熟知《企业境外经营合规管理指引》《企业海外经营合规管理指引》（征求意见稿）、《中央企业合规管理指引》（试行）和《境外投资敏感行业目录（2018 年版）》等文件，加强法律培训和法律人才建设，完善企业自身合规管理。其次，中国企业对非洲投资需要重视并推进海外合规工作，减少信息不对称、法律规则双标准等带来的潜在合规风险，尤其需要关注劳工关系、知识产权、土地产权、环境评估、反贪腐等重点领域和环节的法律规定，熟悉当地法律规定和行业规则。可以考虑聘请当地专业法律顾问。再次，非洲很多国家已加入国际组织或地区共同体，除了当地法律，中国企业对非洲投资还应了解和遵守这些组织或地区共同体所颁布的公约、协定、协议等。总之，中国企业对非洲投资需要加强合规管理意识，建立合规风险识别机制，全面梳理并分析对非洲投资活动中存在的各类合规风险，对合规风险发生的概率、性质、范围、潜在后果等进行全面分析，预设解决方案，提高应变能力，预防和规避潜在的合规损失。

2. 实施互惠的本地化战略

中国企业在非投资涉及制造业、采矿业等多个行业大类，不同的投资领域需要匹配最优的投资策略，有选择性地减少或避开合规风险投资项目，提高对非投资安全性。针对国家经济安全利益高敏感度行业，中国企业可采取灵活策略，避开直接投资该国规模较大、影响力较广的企业。针对大型或特大型的投资项目，中国企业可以在权衡利益分配后，考虑与当地企业共同投资，构建利益共同体，实现利益共享，避免单独投资大型或特大型投资项目带来的集中性合规风险。有关粮食安全、减贫发展、公共卫生、基础教育、自然灾害等非洲国家积极倡导的民生改善项目，其合规风险往往较低，企业应制定恰当的投资策略，找准承担社会责任、利益最大化和低合规风险三者之间的平衡点。例如，清洁能源项目、水资源保护项目、野生动物保护项目和文化旅游项目投资等。另外，中国企业对非投资可关注数字互联互通项目投资，发展数字经济和"丝路电商"，投资跨境电子商务交易、支付、物流、通关、退税等各个环节。数字经济、电子商务和移动支付以其低成本和普惠性等特点得到各个国家的支持和鼓励，其面临的合规风险往往较低。

3. 提高对东道国法律法规的遵守意识

非洲国家法律体系非常复杂，在涉及跨国投资的很多领域都有复杂烦琐的法律条文和规定。例如，南非、卢旺达、纳米比亚、毛里求斯等投资热国，在劳工、环保、移民、税收等方面有着全面而又详细，甚至十分烦琐的法律规定。而非洲国家在法治建设中存在的主要问题并非"无法可依"，而是由于政局不稳定或执法成本过高带来的执法层面的不足。随着非洲国家致力提升政府的治理能力，加大整顿力度、打击各种不法行为，原有的一些没有被东道国处罚的不规范的投资和商业行为往往带来新的合规风险。因此，中国企业必须提高对东道国法律法规的遵守意识，首先要严格禁阻贿赂、走私等违法行为，提升企业形象；其次，所有商业银行行为要以法律为准，彻底堵塞通过利益输送获得当地政府支持来规避监管限制的灰色渠道；最后，应充分认识文化和历史差异带来的价值观差异，合理评估 BEE5[①]等具有一定的民族和地方保护色彩的法律法规对公司投资风险和收益的影响。

参考文献

［1］ FCI Global Representative Body. Annual Review：2018［R］. Netherland：FCI，2018.

［2］ 陈立龙. 我国外贸企业国际结算的风险及防范［J］. 财务与金融，2011（04）：26－29.

［3］ 程晓波. "一带一路"贸易合作大数据报告（2018）［R］. 北京：国家信息中心"一带一路"

① Black Economic Empowerment，黑人经济振兴政策，是南非政府制定的提高黑人经济地位的政策。

大数据中心，2018.

［4］冯千里．浅谈国际结算方式的发展趋势［J］．现代经济信息，2016（23）：309.

［5］何晶．国际结算研究综述［J］．现代商业，2015（32）：151－152.

［6］黄莉，张萌发．国际结算触“电”之路［J］．中国外汇，2014（05）：66－67.

［7］黄勇．我国企业应加强反价格垄断合规意识［J］．价格理论与实践，2012（1）.

［8］李洛浦．基于区块链技术的国际贸易结算新模式研究［D］．北京邮电大学，2018.

［9］李旭鹏．不同国际结算方式下出口商风险防范措施分析［J］．当代经济，2018（22）：44－45.

［10］李瑛．试论国际结算中的风险及防范［J］．现代经济信息，2016（16）：149－150.

［11］李贞彩．福费廷业务在我国的发展前景分析［J］．中国物价，2012（11）：57－60.

［12］林清胜．BPO：值得大力拓展的国际结算新渠道［J］．中国外汇，2014（08）：36－38.

［13］刘洁．我国对外贸易结算方式发展趋向及风险预防［J］．商业时代，2014（08）：32－33.

［14］毛振华，阎衍，郭敏．“一带一路”沿线国家主权信用风险报告［R］．北京：中诚信国际信用评级有限公司，2015.

［15］商务部．2017年度中国对外直接投资统计公报［R］．北京：商务部，2018.

［16］孙文斌．“一带一路”背景下中国企业海外投资合规风险控制策略研究［J］．现代商业，2018（31）.

［17］唐颖．从中国对非投资看中国在非洲的形象塑造［J］．中外企业家，2015（17）.

［18］王楚楚，周戈，王皓田．国际结算业务中的诈骗风险防范及举例分析［J］．对外经贸实务，2013（07）：72－74.

［19］王倩．“一带一路”跨境贸易人民币结算存在的问题及对策［J］．经济纵横，2016（12）：73－76.

［20］魏程玲．对“一带一路”沿线国家出口风险分析［J］．经贸实践，2018（13）：40－41.

［21］吴琼，王春花．信用证在国际结算中的风险与防范［J］．现代经济信息，2012（03）：213，218.

［22］吴小花．外贸企业国际结算风险及其防范［J］．科技广场，2012（08）：201－203.

［23］吴学影．国际贸易结算方式的应用及风险管理研究［D］．对外经济贸易大学，2016.

［24］肖继何．我国国际保理业务发展与完善对策研究［D］．云南大学，2014.

［25］肖健．国际贸易结算风险与防范［D］．吉林财经大学，2014.

［26］谢源虎，邱萍．国际结算中的风险防范研究［J］．经济研究导刊，2014（15）：242－243.

［27］杨苗苗．国际贸易结算方式的选择［J］．中外企业家，2014（36）：33＋36.

［28］余菁，王欣，渠慎宁，等．国家安全审查制度与”竞争中立”原则——兼论中国国有企业如何适应国际社会的制度规范［J］．中国社会科学院研究生院学报，2014（3）.

［29］张诚，朱艳阳．企业国际结算风险研究综述［J］．时代金融，2014（23）：148－151.

［30］张宏东．国际结算方式的变化与发展趋势［J］．金融理论与实践，2005（07）：44－45.

［31］张慧．探析国际贸易结算风险管理［J］．知识经济，2014（16）：87.

［32］张娟，刘钻石．中国民营企业在非洲的市场进入与直接投资的决定因素［J］．世界经济研究，2013（2）.

［33］张晚冰．国际结算方式的发展趋势研究［J］．纳税，2018（05）：164－165.

［34］张小峰，何胜林．中国民营企业走入非洲：发展历程、影响因素及未来走向［J］．国际经济评论，2015（3）.

［35］赵汪洋，赵进妮．中国对非洲投资问题研究［J］．企业导报，2010（8）.

［36］中国社科院世经政所国家风险评级课题组．中国海外投资国家风险评级（2017）［R］．北京：中国社会科学院世界经济与政治研究所，2017.

［37］中国驻各国大使馆经商参处．2018 年对外投资合作国别（地区）指南［R］．北京：商务部，2018.

［38］朱锦萍．国际贸易结算风险与防范措施分析［J］．现代经济信息，2018（12）：141.

［39］宗芳宇．全球跨境投资政策变化、影响及中国的对策［J］．国际贸易，2019（3）.

“一带一路”合作国家不确定性风险与投融资

◎ 宫迪　刘晓慧　陈晰

一、“一带一路”概述

（一）定义

“一带一路”是“丝绸之路经济带”和“21 世纪海上丝绸之路”合并后的简称，是中国为进一步推进经济全球化而提出的国际区域经济合作发展理念。2013 年 9 月 7 日，习近平主席在哈萨克斯坦纳扎尔巴耶夫大学发表演讲，提出共建“丝绸之路经济带”；同年 10 月 3 日又在印度尼西亚国会发表演讲，提出共建“21 世纪海上丝绸之路”；2015 年 3 月 28 日，中国国家发展改革委、外交部和商务部经国务院授权联合发布了《推动共建丝绸之路经济带和 21 世纪海上丝绸之路的愿景与行动》，标志着“一带一路”倡议进入全面推进建设新阶段，此后我国与“一带一路”沿线国家深入开展项目合作，取得了显著的成果；截至 2019 年 10 月底，中国已经同 137 个国家和 30 个国际组织签署了 197 份共建“一带一路”文件[①]，在能源基建、农业、海上合作、互联网大数据等多个领域开展合作。合作国家遍布全球，合作范围也十分广泛。经过 6 年的发展，“一带一路”的内涵不断丰富，逐渐成为我国参与经济全球化进程、促进全球共同发展、推动人类命运共同体建设的中国方案。

“一带一路”在其发展过程中呈现出两个鲜明特点。

（1）多重空间性。“一带一路”不是固定的空间范围，合作国家没有严格的地理限制，是一个开放的国际区域合作平台，各个国家和国际组织均自愿参与，没有排他性和特殊

---

① 数据来源于“一带一路”官网，https://www.yidaiyilu.gov.cn/xwzx/gnxw/109858.htm。

性。从目前合作的对象来看，“一带一路”是一个多重空间概念，是世界各国构建人类命运共同体的一个重要合作契机。

（2）合作共赢性。“一带一路”旨在促进经济要素有序自由流动、资源高效配置和市场深度融合，推动开展更大范围、更高水平、更深层次的区域合作，共同打造开放、包容、均衡、普惠的区域经济合作架构[①]。可见，“一带一路”不同于以往经济全球化过程中的“援助计划”、区域合作等，它强调“共商、共建、共享”原则，倡导“和平合作、开放包容、互学互鉴、互利共赢”理念；中国企业在“走出去”的过程中，带出去的不仅是产能，更是资金与科学技术；不仅在农业、基础设施建设领域对东道国给予帮扶，提供大量的就业岗位，切实改善合作国家人民的生活水平，更是因地制宜，与当地遇到困境但有前景的企业展开合作，积极开展技术交流，努力实现合作共赢。

（二）“一带一路”沿线国家分区域概述

1. 合作国家

已同中国签订共建“一带一路”合作文件的国家概览如表 1 所示。2017 年，“一带一路”沿线 65 个合作国家人口总量达到 44 亿，占世界总人口的 63%，这些国家的经济总量达到 21 万亿美元，占全球 GDP 总量的 29%。

表 1　“一带一路”合作国家名单

	合作国家名单	合计
非洲	苏丹、南非、塞内加尔、塞拉利昂、科特迪瓦、索马里、喀麦隆、南苏丹、塞舌尔、几内亚、加纳、赞比亚、莫桑比克、加蓬、纳米比亚、毛里塔尼亚、安哥拉、吉布提、埃塞俄比亚、肯尼亚、尼日利亚、乍得、刚果（布）、津巴布韦、阿尔及利亚、坦桑尼亚、布隆迪、佛得角、乌干达、冈比亚、多哥、卢旺达、摩洛哥、马达加斯加、突尼斯、利比亚、埃及、赤道几内亚、利比里亚、莱索托、科摩罗、贝宁、马里、尼日尔	44
亚洲	韩国、蒙古国、新加坡、东帝汶、马来西亚、缅甸、柬埔寨、越南、老挝、文莱、巴基斯坦、斯里兰卡、孟加拉国、尼泊尔、马尔代夫、阿联酋、科威特、土耳其、卡塔尔、阿曼、黎巴嫩、沙特阿拉伯、巴林、伊朗、伊拉克、阿富汗、阿塞拜疆、格鲁吉亚、亚美尼亚、哈萨克斯坦、吉尔吉斯斯坦、塔吉克斯坦、乌兹别克斯坦、泰国、印度尼西亚、菲律宾、也门	37
欧洲	塞浦路斯、俄罗斯、奥地利、希腊、波兰、塞尔维亚、保加利亚、捷克、斯洛伐克、阿尔巴尼亚、克罗地亚、波黑、黑山、爱沙尼亚、立陶宛、斯洛文尼亚、匈牙利、北马其顿（原马其顿）、罗马尼亚、拉脱维亚、乌克兰、白俄罗斯、摩尔多瓦、马耳他、葡萄牙、意大利、卢森堡	27
大洋洲	新西兰、巴布亚新几内亚、萨摩亚、纽埃、斐济、密克罗尼西亚联邦、库克群岛、汤加、瓦努阿图、所罗门群岛	10
南美洲	智利、圭亚那、玻利维亚、乌拉圭、委内瑞拉、苏里南、厄瓜多尔、秘鲁	8
北美洲	哥斯达黎加、巴拿马、萨尔瓦多、多米尼加、特立尼达和多巴哥、安提瓜和巴布达、多米尼克、格林纳达、巴巴多斯、古巴、牙买加	11

① 国家发改委等《推动共建丝绸之路经济带和 21 世纪海上丝绸之路的愿景与行动》。

2. 重点建设区域——“六大经济走廊”

2019 年 4 月在北京举行的第二届“一带一路”合作高峰论坛上，中国提出了“六廊六路多国多港”的新合作格局，为我国发展和各国参与“一带一路”合作提供了清晰导向。

表 2　　六大经济走廊主要区域和合作项目

经济走廊名称	主要区域	合作重点项目
中蒙俄经济走廊	华北通道：从京津冀经呼和浩特，再到蒙古国和俄罗斯 东北通道：沿着老中东铁路从大连、沈阳、长春、哈尔滨到满洲里和俄罗斯赤塔	莫斯科至喀山高铁、策克口岸跨境铁路通道、乌兰巴托新国际机场高速公路、“一管两桥”（中俄东线天然气管道、黑河公路桥、同江铁路桥）
新亚欧大陆桥经济走廊	途经山东、江苏、安徽、河南、陕西、甘肃、青海、新疆 8 个省、自治区，65 个地、市、州的 430 多个县、市，到中哈边界的阿拉山口出国境，后经 3 条线路抵达荷兰的鹿特丹港，全长 10 900 公里，辐射亚欧 30 多个国家和地区	中欧班列、中哈（连云港）物流合作基地、中哈霍尔果斯边境合作中心项目
中国—中亚—西亚经济走廊	从新疆出发，抵达波斯湾、地中海沿岸和阿拉伯半岛，主要涉及哈萨克斯坦、吉尔吉斯斯坦、塔吉克斯坦、乌兹别克斯坦、土库曼斯坦、伊朗、土耳其等	中亚班列中哈霍尔果斯国际边境合作中心、中国—中亚天然气管道网、沙尔贡煤矿现代化改造项目
孟中印缅经济走廊	孟、中、印、缅及其辐射区域	中缅油气管道、木姐—曼德勒铁路项目、皎漂深水港项目、孟加拉国吉大港卡纳普里河底隧道
中国—中南半岛经济走廊	东起珠三角经济区，通过广东、广西，到越南河内、新加坡	雅万高铁、中缅铁路、中老铁路、磨憨—磨丁经济合作区、赛色塔综合开发区
中巴经济走廊	是中国打通进入印度洋的通道，也是连通欧洲、非洲和中东的最短途径	瓜达尔港、卡西姆燃煤电站、萨希瓦尔燃煤电站、卡洛特水电站、苏基克纳里水电站、塔尔煤田 II 区块煤矿和电站、卡拉奇—拉合尔高速公路项目、拉合尔轨道交通橙线、中巴跨境光缆

（三）“一带一路”建设的重大意义

1. 打造我国对外开放新格局，促进经济健康发展

在改革开放 40 年的历程中，我们主要以积极“引进来”的方式参与国际区域合作，但近年来，我国人口红利正在逐渐消失，国内生产成本不断上升，以往外资主导的加工制造模式已不能适应现阶段经济发展的需求。“一带一路”无疑为“走出去”发展提供了契机。图 1 是我国 2006—2018 年外商直接投资额和我国对外直接投资流量的变化，可以看出，共建“一带一路”倡议提出以后，我国对外直接投资迅猛增加，尽管 2017 年和 2018 年对外投资额度有所下降，但自 2014 年以来，我国对外投资水平一直高于外商直接投资水平。

同时，基于我国开放政策、地理环境等因素，无论在国际贸易、引进外资还是对外

投资方面，我国东西部都呈现出十分不均衡的局面，共建“一带一路”倡议充分调动了东西部各省市参与的积极性，从而有利于改善我国区域经济发展不均衡的现状。凭借地缘、人文优势，许多丝绸之路沿线地区纷纷表示将抓住这一契机，加快对外开放步伐。如新疆提出“要当好建设丝绸之路经济带的主力军和排头兵”，建设区域性交通枢纽、区域性商贸物流、区域性金融中心、区域性医疗服务中心和国家能源资源“三基地一通道”①；甘肃则提出要“努力建设成为丝绸之路经济带黄金段”，推进与中亚、西亚等丝路沿线国家在资源开发、装备制造、新能源、特色农产品加工等产业的交流合作②。

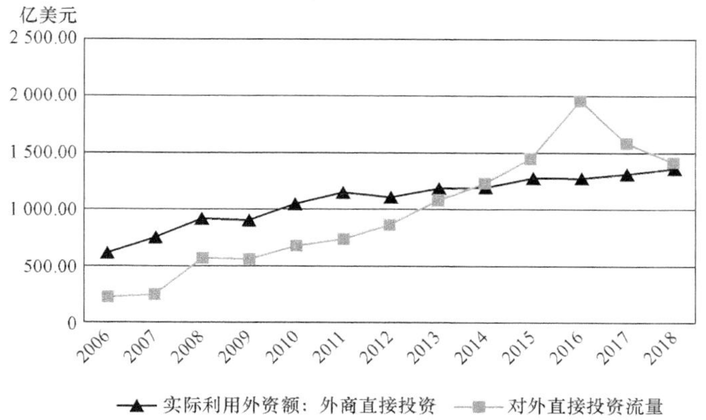

图 1　外商直接投资和我国对外投资额对比

2. 发挥中国在国际区域合作中的积极作用

中国在经济腾飞的过程中，强大的制造业无疑起到了巨大的推动作用，在基础设施和制造业领域，已经形成了技术和经验优势，具有强大的供给能力；且中国经济规模全球第二、外汇储备全球第一，具有强大的对外投资实力。而“一带一路”沿线国家（如印度尼西亚、哈萨克斯坦等）大多受资金、技术等因素的制约，制造业和基础设施建设发展能力较弱。因此，“一带一路”建设可以充分发挥中国的优势和引领作用，扩大对这些国家的投资额度和技术输出，弥补它们在资金、技术和发展经验、外汇缺口等方面的不足，以达到互惠双赢的目的，实现资源的最优化配置。例如，中国在高铁建设和通信建设方面拥有世界一流的技术、成熟的运营管理经验和低廉的成本，能够有效支持“一带一路”沿线国家在这些关键领域建设初期的发展，从而为其他产业的发展奠定基础。不仅如此，“一带一路”合作涉及多个领域，致力于推进“政策沟通、设施联通、贸易畅通、资金融通、民心相通”，各国因地制宜根据自身国情与“一带一路”实现战略对接，

① 冯瑾，姚彤. 丝绸之路经济带国际研讨会在乌开幕［N］. 新疆日报，2014－06－27（1）.

② 卢吉平. “丝绸之路经济带”甘肃段建设蓝图出炉［N］. 甘肃日报，2014－05－23（1）.

有利于促进各国人民友好往来、不同文化的国家之间和谐相处、共同发展，共同繁荣，从而将"中国梦"与各国人民对美好生活的梦想对接起来，共同构建人类命运共同体。

（四）"一带一路"建设成果：五通建设成绩优异

1. 国际影响力不断提高

共建"一带一路"倡议提出 6 年来，国际影响力显著提高。国外媒体和网民的关注度不断上升，且对"一带一路"倡议的热情越来越高涨，更多国家及其民众认为"一带一路"有助于加强各国互联互通，加速资本国际间流动和跨国贸易往来，促进东道国和地区一体化发展，是一个为全球经济注入新发展动力的经济全球化新方案。最明显的转变为关注的话题，由"'一带一路'影响、促进中国发展"等对倡议意图的质疑逐渐转变为"项目合作、'一带一路'成果"等务实合作。

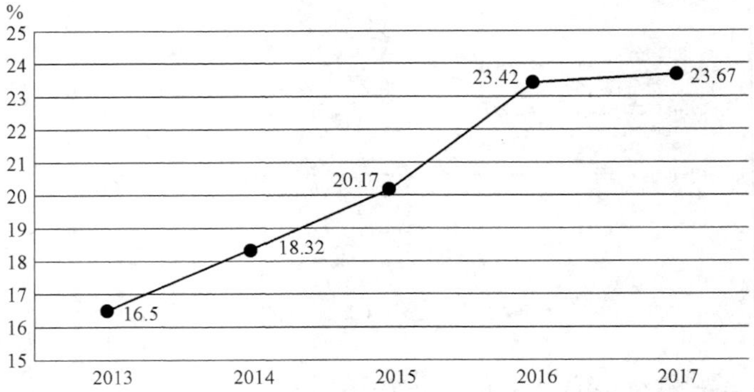

图 2　国外媒体和网民对"一带一路"积极情绪占比[①]

2. 基础设施联通、贸易投资合作成果显著

设施联通：港口、铁路、公路、电力、航空、通信等基础设施一直是"一带一路"合作的重点领域。在与沿线国家开展设施互联互通合作的过程中，东道国的基础设施建设水平有了极大的提升，标志性项目取得实质性进展，如中老铁路、中泰铁路、空中丝绸之路的扎实推进等。目前，我国港口已经与世界 200 多个国家、600 多个主要港口建立了航线联系，海运互联互通指数也保持全球第一。尤其是铁路联通方面，中欧班列贡献极大。根据国家发展改革委和国家统计局的统计，2011 年，中欧班列全年仅开 17 列，而截至 2019 年 6 月，这一数据已经高达 17 000 列，到达欧洲 16 个国家、53 个城市。

贸易畅通：中国与沿线国家贸易额占外贸总额的比重逐年提升，由 2013 年的 25%提升到了 2018 年的 27.4%。截至 2018 年，中国已经与 50 多个国家签署了双边投资协定，促进双向投资升级。进口博览会的举办和境外合作园区的建设也取得了显著成果：中国

① 数据来源：《"一带一路"大数据报告 2018》。

国际进口博览会共有 172 个国家、地区和国际组织参与，3 617 家企业参展，成交额超过 578 亿美元。中国各类企业遵循市场化、法治化原则自主赴沿线国家共建合作园区，为东道国创造了新的税收源和就业渠道。

3. 合作范围不断扩大，人文交流不断深入

政策沟通方面，“一带一路”的空间范围已经由亚欧地区延伸至非洲、拉美、南太、西欧等地区各国，已同多个合作基础坚实、合作体量较大、合作意愿强烈的国家制订了合作对接规划。第二届“一带一路”国际合作高峰论坛也体现了更加广泛的国际合作共识，其规模更大、内容更丰富、参与国家更多、成果更加丰硕。

在人心相通方面，我国向沿线国家提供了紧急粮食援助、合作援助基金等多项国际捐赠，在沿线国家实施了“幸福家园”“爱心助困”“康复助医”等多项人道主义扶持项目；文化交流日益深入，与沿线国家互办艺术节、电影节、音乐节、文物展、图书展等活动，合作开展图书广播影视精品互译互播；在科技创新方面也展开了深入交流，如发起成立了“一带一路”国际科学组织联盟；先后启动了中国—东盟、中国—南亚等科技伙伴计划；与东盟、南亚、阿拉伯国家、中亚、中东欧共建了 5 个区域技术转移平台。

4. 金融领域：多元化融资体系不断完善

我国参与“一带一路”建设中的突出贡献还体现在金融领域中，参与建设了多元化的投融资体系，积极为“一带一路”建设项目提供充足、安全的资金保障。具体来看，我国发布了《“一带一路”债务可持续性分析框架》，成立了多边开发融资合作中心——丝路基金、亚洲基础设施投资银行，并推动各类银行和保险机构等为“一带一路”建设项目提供资金支持。截至 2019 年 6 月底，中国出口信用保险公司在沿线国家累计实现保额约 7 704 亿美元，支出赔款约 28.7 亿美元；丝路基金实际出资额近 100 亿美元。①

（五）“一带一路”沿线国家投资环境概述

尽管我国参与“一带一路”建设已经取得了诸多实质性成果，但面对全球错综复杂的投资环境和瞬息万变的政治局势，我国企业对“一带一路”合作国家的投融资现状并不十分乐观，面临着诸多风险。下面从几个常见的衡量合作风险的指标角度对“一带一路”沿线国家的投资大环境进行分析，具体风险分类将在下一部分展开详述。

1. 五通指数概述

根据北京大学五通指数课题组对 94 个合作国家的研究结果，目前与“一带一路”沿线国家的合作现状基本呈正态分布，多数为“良好型”，但与巴勒斯坦、库克群岛等 11

① “建设成果”数据都来源于“一带一路”官网，https://www.yidaiyilu.gov.cn/index.htm。

个国家处于“薄弱型”，与属于“潜力型”的 21 个国家也有待加强合作。各国在“五通”方面的差异比较显著，但整体来看，在设施联通和资金融通方面得分较低。部分合作国家基础设施建设能力薄弱，其“硬件设施”的不联不通制约了产能和其他方面的合作。此外，我国的金融开放程度较低，我国企业在开展跨国投资生产时面临着巨大的投融资困境，资金融通程度较低也加大了企业的投资和经营难度。

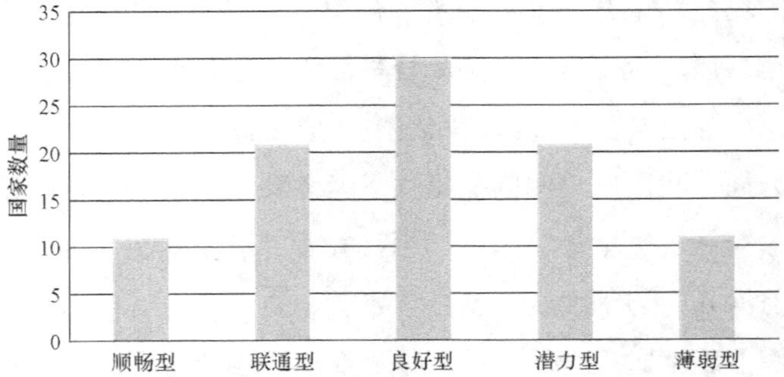

图 3 “一带一路”合作国家五通建设现状①

表 3 **“一带一路”合作国家五通指数得分**②

五通建设	最大值	最小值	平均值
政策沟通	18.07	3.60	10.96
设施联通	18.52	5.19	9.71
贸易畅通	19.83	5.66	12.36
资金融通	18.86	3.45	9.88
民心相通	18.31	4.09	12.34

2. 国家风险分析

部分“一带一路”合作国家政局动荡，经济基础薄弱，债务等危机重重，根据标普 2019 年对各国信用风险的评级结果，发现很多国家都在 BBB 级以下，其中刚果（布）、莫桑比克、赞比亚、黎巴嫩等在 CCC 级，信用风险极高。俄罗斯、泰国、巴基斯坦、印度尼西亚等重点合作国家也具有较高的国家风险。这些高风险国家给我国企业境外投资经营带来了极大的不确定性，而我国企业大部分缺乏有效的风险识别、评估、管理、控制机制，所以国家风险也成为“一带一路”合作的巨大障碍。

3. 营商环境便利指数

营商环境便利指数衡量的是企业在开设、经营和贸易活动、税收等方面遵循政策法

① 数据来源：北京大学海洋研究院，http://ocean.pku.edu.cn/info/1165/3077.htm。

② 数据来源：北京大学海洋研究院，http://ocean.pku.edu.cn/info/1165/3077.htm。

规等所需的时间和成本等条件的便利程度，1 代表最有利于营商的法规。从“一带一路”合作国家的营商指数来看，2019 年，接近一半的国家营商指数在 100 以上，150 以上的国家也有 30 个，如赤道几内亚、利比里亚、刚果（布）、乍得等非洲国家，以及委内瑞拉、苏丹、利比亚、阿富汗、叙利亚等，营商指数均在 170 以上。所以，“一带一路”合作国家的营商环境参差不齐，很多有合作前景的国家都面临着很大的风险，中国企业想要“走出去”，深入这些国家开展商业活动较为困难。

表 4　　2019 年“一带一路”合作国家营商便利指数①

国家营商指数	国家数量（个）
＜50	30
51～100	40
101～150	37
＞150	30
暂无营商指数国家	4

二、不确定性风险综述

在错综复杂的国际政治局势中，不论是国际社会对“一带一路”倡议的一些不理解、误解，还是一些国家和组织出于自身利益考虑的不支持、不配合，都将给“一带一路”倡议带来重大的不确定性与潜藏威胁，严重影响“一带一路”建设的正常推进。鉴于这些风险的产生及作用机制皆涉及我国、“一带一路”合作国和其他国际势力三个主体，本部分将“一带一路”项目的风险分为来自国际政治形势的风险、来自“一带一路”合作国家自身的风险以及来自我国自身的风险三大类，再针对此三类风险的不同特性分别举例阐释。

（一）来自国际政治形势的影响

20 世纪冷战后，中国在世界政治格局中的地位发生了实质性变化，日益成为美、日、欧地缘战略的重要目标。进入 21 世纪后，2008 年的全球金融危机给全球经济以沉重的打击，另一方面却也为中国提高全球的政治经济影响力提供了重要机遇，自此美、日、欧等西方势力不得不将中国的崛起纳入其战略考量之中。

在美国看来，中国的崛起有可能“威胁”到它在亚太乃至全球的霸主地位，这就迫

① 数据来源：世界银行数据库。

使美方加紧了对中国政治、经济、军事等方面的挤压和打压，促使大国关系进一步复杂敏感。2017 年 12 月 18 日，美国总统特朗普发布了上台后首份综合安全政策文件《国家安全战略报告》，将俄罗斯和中国明确列为“战略竞争对手”，一面恶意渲染炒作中国国防现代化建设及军力发展意图，一面将“印太”地区视作美国国家安全战略的最重要地区。2018 年 1 月 19 日，美国发布的《国防战略》报告声称：“中国正通过军事现代化，影响力行动，以及‘掠夺性’经济手段，来‘胁迫’其邻国，重塑印太地区的秩序，使之对自己更加有利。”从奥巴马政府推行的所谓“亚太再平衡”战略，到特朗普政府实施的所谓“印太战略”，美方的战略提法在变，试图抹黑中国、抹黑“一带一路”倡议的辞藻在变，但不变的是美方对世界力量格局变化和国际秩序转换的焦虑与忐忑，以及其妄图通过遏制中国发展来巩固和确保其霸权和主导地位的政治意图。

对日本而言，日方对“一带一路”倡议的态度自 2013 年倡议提出以来，发生了相反的变化。从起初的观望甚至质疑、抵制，到近两年由暧昧到合作的重大转变，日方的转变看似突然，但其动机并非无迹可寻。在 2017 年日本对“一带一路”倡议态度转变前，一方面，中国的崛起在时间上恰巧与日本“失去的二十年”相重合，且“一带一路”的覆盖范围与日本先前在亚洲地区的战略部署区域有部分重叠，日本政府的焦虑和危机感加强，日本将中国视为亚太地区地缘政治竞争对手的紧迫感加剧；另一方面，日本作为美国的坚定盟友，对美国“亚太再平衡”和“印太战略”的认可与支持亦助力形成日本对“一带一路”倡议持抵制态度，内部和外部的双重压力促使日本部分学界、政界人士发布一系列恶意抹黑、污蔑“一带一路”倡议的言论。直至 2017 年，出于维持日本经济活力、加入地区发展潮流的考虑，加上美方贸易保护主义抬头对美日贸易合作关系的伤害，日本对“一带一路”倡议态度急转：安倍政府公开表示愿意同中方围绕“一带一路”倡议展开合作，并肯定了“一带一路”倡议的积极意义，进而由暧昧转向合作，中日关系逐步改善、回到正轨，合作步伐加快。2018 年 10 月，安倍访华期间，中日双方敲定了 52 个合作项目，签署了 12 项政府间协议。但值得注意的是，中日关系的改善不仅受到双方固有合作需求的驱动，也是美日贸易分歧侧面助力的结果，因此，未来美方贸易态度的转变将可能引起日方态度的相应转变。从中日关系的本质来看，日本对中国的猜疑与顾忌仍未打消，两国间发展的结构性矛盾依然存在，中美日三者关系的风云变幻给“一带一路”项目带来的潜在风险依然需要持续关注。

从欧洲国家的角度看，如何从中国的崛起中获利是它们最关心的课题。截至 2019 年 4 月，已有 20 多个欧洲国家积极响应和参与“一带一路”建设，时任欧盟委员会主席容克也表示了欧盟愿参与“一带一路”建设的积极合作意向①。总体来看，欧洲各国对“一带一路”倡议的态度较为复杂，但目前合作意向尚占据主导地位。值得注意的是，欧洲国家中对于“一带一路”倡议的看法依旧众说纷纭：尽管主张加强中欧合作的理性声音更加响亮，但舆论中的不信任情绪并未被完全打消。事实上，不仅是欧洲各国，整个西方世界的舆论仍存在着对“一带一路”倡议出发点的曲解、抹黑的言论。近年来，在西方国家的舆论场中“债务陷阱论”和“新殖民主义论”等抹黑中国和“一带一路”倡议的论调愈演愈烈，许多政界人士自诩国家乃至地区代言人，无端指责中国利用沿线国家债务攫取能源、控制主权。如时任澳大利亚国际发展与太平洋事务部部长菲拉万蒂·维尔斯罔顾事实，不负责任地恶意挑衅，称中国在太平洋岛国的基础设施项目不仅不具成效，中方还附加了不利的金融条款；2019 年 9 月离职的美国前国家安全顾问约翰·博尔顿亦曾妄称中国将全面接管赞比亚国家电力公司来弥补债务，幸有赞比亚政府马上辟谣②；时任美国国务卿迈克·蓬佩奥于 2019 年 12 月 2 日在美国《政治报》发表文章恶毒攻击中国企业涉嫌所谓“间谍活动”，编造关于中国法律的谎言，被我国外交部发言人华春莹比拟为“祥林嫂”③。捏造事实与无端指责背后的目的，无非是想离间中国与“一带一路”沿线国家之间的密切合作，遏止“一带一路”的合作进程。国际舆论场上的这些质疑乃至诽谤，是对中国和每个“一带一路”合作国家战略定力的挑战，也是对国家间信任与友好关系的挑战，亟待多方坦诚沟通、通力合作以打消疑虑、推进建设。

国际形势铺垫了我国与“一带一路”沿线国家合作的政治经济背景，西方大国的恶意炒作更是不可避免地渗透到沿线国家政治、经济建设中，影响了东道国政府的政治态度与政策导向。一方面，无论是美国对中国国防现代化建设及军力发展意图的恶意渲染炒作，还是部分西方政客、学者及媒体发表和制造恶意抹黑“一带一路”的论调，都将有加剧部分“一带一路”沿线国家对“一带一路”倡议不信任情绪的潜在危险，都将或多或少地从舆论导向上影响“一带一路”沿线国家人民群众对中方投资项目的态度。另一方面，“一带一路”沿线一些国家是政治稳定性差、经济基础薄弱的发展中国家，脆弱的政治经济基础决定其在自身政策制定过程中无法完全独立自主。

对于这些政治经济基础薄弱的合作国家而言，既定的政治结盟情况及外交战略规划束缚了它们参与“一带一路”倡议的合作意向与积极性，其背后的西方国家政治动向将绑定这些国家的合作态势。由此，给中方对“一带一路”合作国家的投资项目带来的不

① 郑汉根. 新华国际时评：欧洲“向东看”理所应当［EB/OL］. 新华网，2019－04－02.

② 人民日报海外网. 美国国家安全顾问又造中国的谣 然而却秒被打脸［N/OL］. 参考消息网，2018－12－17.

③ 唐立辛. 华姐为什么批蓬佩奥像“祥林嫂”？原因在这里……［N/OL］. 参考消息网，2019－12－04.

确定性，值得人们警惕。

（二）“一带一路”合作国家自身相关风险

正如本文开篇所述，目前与我国签订“一带一路”合作协议的国家中，发展中国家和新兴经济体占据较大比例。这些国家不仅在地理环境和资源储备等自然条件上有所不同，在经济、政治、文化等方面的社会条件更是存在巨大差异。鉴于自然条件对投资不确定性的影响难以预测评估，且具体分析方法视投资项目的具体性质而变，故本文对此部分风险不做深入探讨。社会条件方面，考虑到各方面风险间相互影响较大且关系错综复杂，很难捋出完整的影响机制。故本部分以风险的复杂程度为序，将社会条件相关的人文风险分为政治和文化风险、公共安全风险和经济风险三大类，分别附之以案例进行简要阐述。

1. 政治和文化风险

政治方面，来自东道国内外的影响因素错综复杂，综合来看可概括为以下几个方面。

其一，由于国家自身历史及文化特色等原因，“一带一路”沿线一些国家政治不确定性较高，政权频繁更替或政党间政见冲突较大，从而导致执政权力更替前后的政策态度不连贯甚至不一致。如 2015 年 1 月，中远集团对希腊比雷埃夫斯港的投资计划受阻事件，希腊激进左翼联盟胜选后兑现其停止出售国有资产的承诺，新政府称要根据希腊人民的利益重新考虑港口的私有化即中远集团的这一投资。这一事件的本质即为政府更迭带来的不确定性。

其二，“一带一路”沿线一些国家，由于对他国的经济依赖性或政治站队等原因，对于合作与否无法完全独立地进行判断决策，或多或少地受到某些国家的影响，其政策导向的波动性较强。如南亚诸多国家不得已在经济与政治方面依附印度，缺乏政策自主性。

其三，必须承认的是，部分“一带一路”沿线国家自身国家战略规划可能与“一带一路”倡议存在不协调之处，这就需要我们表明“求同存异”的合作态度，明确双方目标的重合部分，积极寻求合作机会。回顾近年来中日合作关系的转变过程：2016 年 8 月，安倍政府正式提出“自由开放的印太战略”构想，覆盖范围横跨亚洲、非洲，涉及太平洋、印度洋周边的相关国家，与“一带一路”倡议的地域覆盖范围有明显重合。但 2018 年，中日关系回暖、交往渐密：先是日本改称“印太战略”为“印太构想”，再有中日第三方市场合作论坛中签署了 52 份合作协议，在经济领域务实合作；还有安倍访华，中日双方就安全等领域进行会谈对话，展现了中日双方对话与对抗同在的新型国际关系。日本前首相鸠山由纪夫在 2019 年 12 月“2019 从都国际论坛”中明确赞赏了中国成熟的应对方式，并表示：“我认为，在某种程度上来说，日本已经是在‘一带一路’的框架内了。”[①]

其四，部分国家对“一带一路”倡议持有谨慎观望态度的另一大重要原因，是其出于对“一带一路”倡议的不信任。一方面，部分国家不信任中国提出“一带一路”倡议的动机，怀疑自身是否能从“一带一路”倡议中获得好处，也对中国实际举措与倡议是否能达成一致尚有疑虑；另一方面，出于对“一带一路”倡议外交协调及资金调度等方面难度的考虑，部分国家对“一带一路”能否成功实施持怀疑态度。例如在越南，许多学者肯定“一带一路”对越南自身发展的积极助推作用，但由于参与“一带一路”建设面临来自外交、政治、公共安全、资金支持、营商环境等多个方面的挑战，多数学者对“一带一路”能否成功实施仍存有疑虑。

此外，腐败风险同样是影响“一带一路”项目收益的一大重要风险。由前文的营商环境指数不难看出：“一带一路”国家的营商环境的国别差距较大，蕴含对外投资的重大不确定性。而营商环境较差的一部分深层原因就在于法律体系不完备、执法程序不规范，给腐败的滋生留下空间。在透明国际（Transparency International，TI）公布的2018年全球清廉指数（CPI）排名中，撒哈拉以南非洲、东欧和中亚地区得分最低，得分最低的索马里、南苏丹和叙利亚均为我国“一带一路”倡议的合作国家。在这些国家中，腐败风险的存在将导致我国企业与公民投资成本和投资效益回收不确定性的增加。

文化方面，“一带一路”合作国家在其固有文化基础以及现代社会舆论风向方面的差异，皆对“一带一路”投资项目的正常推进有着潜移默化的影响。

首先，毋庸置疑的是，这些国家诸如宗教信仰、历史文化、社会价值观等已相对成型的固有文化基础，将通过东道国政策及民众态度等途径影响“一带一路”项目的投资选择和资金回收。如伊斯兰国家实行伊斯兰金融制度，禁止利息、投机活动，限制债券、股票、期货、期权等交易，要求企业必须根据教义详细记录交易细节，公布财务报表中慈善用途的款项。而在“一带一路”建设的合作中，伊斯兰国家是一大重要合作对象。截至2019年12月14日，伊斯兰合作组织的57个成员国中，有53个成员国已与中国签订共建“一带一路”合作协议，占“一带一路”官方网站公布已同中国签订“一带一路”合作协议国家数（143个）的37%。可见，对伊斯兰国家文化与伊斯兰金融制度深入研究，将在“一带一路”投资的项目选择与推进、收益回收、风险规避等诸多环节中将起到至关重要的作用。

其次，受社会舆论走向等因素影响，东道国国内民众态度可能受舆论情绪操控，甚

① 佚名. 观察丨“某种程度而言，日本已经在‘一带一路’框架内了”[EB/OL]. 中国“一带一路”网，2019-12-09.

至可能发生过于盲目激烈的转变。此外，迫于社会舆论压力，东道国政府也可能为了争取民众支持信任而不惜改变政策导向，这对于我国“走出去”的企业同样不甚有利。

值得注意的是，政治与文化方面的风险因素往往是相互交错纠缠、难以剥离单独讨论的，需要就与某一国的合作情况具体分析。但总体来看，上述政治与文化方面的风险的影响机制往往主要通过“一带一路”沿线国家对于“一带一路”项目的政策来传导。具体看来，跨国投资的东道国可能通过带有随意性、歧视性的管制行为来影响“一带一路”项目的投资效益，具体包括政府反腐败、反垄断、环保审查、本土化要求、群体性劳动纠纷、强制破产等表现形式。一旦我国企业在东道国受到此类不公平对待，投资项目的不确定性将会大大增加，且已有的投资者保护机制的完备性及可实施性将受到严峻考验。

2. 公共安全风险

在域外大国的地缘政治战略竞争背景下，受“一带一路”沿线国家自身固有的政治、文化环境等因素影响，部分“一带一路”沿线国家或屡受战争之扰，或饱受恐怖主义所害，当地公共安全存在巨大隐患乃至威胁。

战争方面，由于领土、宗教、地缘政治等多个层面的冲突与矛盾，一些“一带一路”合作国家所处地区战争风险威胁较大，如中东地区的伊拉克、也门、叙利亚等国。此外，许多“一带一路”合作国家也是恐怖袭击高发地。根据美国马里兰大学的START团队收集的全球恐怖主义数据库统计，伊拉克战争之后遭受恐怖袭击最多的前五名国家都是“一带一路”沿线国家，且袭击次数增长迅猛，已经占到全球的近90%。2015—2017年，发生恐怖袭击事件次数最多的四个地区分别为：中东和北非地区、南亚地区、撒哈拉以南的非洲地区及东南亚地区[10]，从地域分布上看，与“一带一路”倡议地图有很多重合。斯里兰卡是我国在“一带一路”倡议中的一大重要合作国，也是备受战争与恐怖主义所扰的公共安全重灾区：2009年以前，在民族冲突和民族分离主义的影响下，斯里兰卡的分离主义武装泰米尔猛虎组织与政府军进行了长达26年内战，发动了一系列骇人听闻的恐怖袭击事件；近年来，孟加拉湾地区又遭“伊斯兰国”国际恐怖势力渗透，安保薄弱的斯里兰卡再次成为恐袭高危地区；再加上2019年斯里兰卡宗教矛盾加剧，针对天主教徒的歧视、威胁和暴力行为多有发生，斯里兰卡国内治安环境恶化。这就给汉班托塔港、科伦坡港口城等投资项目与在斯里兰卡的中国公民安全带来了严重威胁，政府为遏制恐怖袭击而采取的一系列特别安全保障措施也给项目的正常推进带来许多不便。

公共安全对“一带一路”投资项目不确定性的影响机制是多方面的。恐怖袭击将对驻外人员的人身和财产安全带来严重威胁，进而直接影响投资项目的正常推进和企业的正常经营。此外，国家公共安全状态的恶化对该国的投资与贸易有显著抑制作用，从而加剧该国的经济脆弱性，加深该国对外部经济援助的依赖性，进而加剧该国的主权信用风险，增加我国对该国投资的风险。

尽管有实证研究显示，由于中国坚持和平共处五项原则外交方针等原因，中国在与“一带一路”沿线国家开展贸易的过程中具有免疫于恐怖主义的比较优势。但恐怖主义对“一带一路”投资项目的威胁始终客观存在，一旦发生极端恐怖事件，给我国对外投资项目带来的公民人身安全和财产损失更是难以估量。综上所述，公共安全的潜在威胁对“一带一路”投资项目的不确定性的影响不可忽略，如何遏制恐怖主义威胁、加强与“一带一路”沿线国家的经贸合作将成为“一带一路”推进过程中的一大重要议题。

3. 经济风险

经济风险方面，利率风险、汇率风险、信用风险、操作风险、法律风险等跨国经营必须规避或对冲的常规风险不容忽视，“一带一路”沿线国家的国家信用风险更加值得突出强调。

在“一带一路”沿线国家中，除了欧洲、中亚、东南亚地区国家的主权信用级别相对较高外，其他国家主权信用级别相对较低，其蕴含的高主权信用风险加大了“一带一路”投资项目收回投资的难度。其内在原因受政治、文化、公共安全等多方面因素综合影响，总体来看大致可归结为以下几种原因：其一，由于经济发展基础较差、经济结构不合理等原因，有些合作国家或是经济发展模式脆弱而不可持续，或是经济基础薄弱，对外部经济援助依赖程度较高，缺乏自行调节的能力。其二，高主权信用风险国家往往以发展中国家居多，这些国家本就存在着国际金融合作资源有限、金融市场发展水平较低的问题；再加上受政治局势不稳定、文化浪潮非理性涌动、公共安全威胁迭出等因素影响，这些国家承受着较大的资本外流压力，调动国际经济金融资源来防控主权信用风险的难度较大，在危机中也难以从国际社会获得资金援助。综合以上因素，高主权信用风险国家很难仅凭一己之力来防范和化解其主权信用风险。

（三）我国自身

在我国大力推进“一带一路”建设的过程中，除了来自“一带一路”沿线合作国家以及世界其他国家的风险外，我国自身也存在部分亟待改善的问题，必须规避“一带一路”投资合作项目带来的一些潜在风险。本部分将与我国自身相关的风险按相关角色分为企业和政府两部分，并分别阐述相关的具体风险及其对“一带一路”投资收益不确定性的影响。

1. 企业自身

改革开放以来，中国积极引入外资，为国内经济成功地注入了大量活力；相比而言，我国企业起步较晚，企业不熟悉国际市场、缺乏海外投资经验，以及会计、律师、咨询等中介机构发展程度低、风险评估能力弱等问题比较突出。此外，一些企业盲目追求短期利益，缺乏应有的社会责任感与环保意识，不仅影响企业形象，项目推进也受到重大影响。在“走出去”的过程中，中国企业适应东道国竞争环境的能力较弱、经验不足，自身国际化经营和管理不到位的问题亟待解决，在投资过程中承担的巨大风险务必规避。

值得注意的是，国企及民企在“走出去”方面优劣势各异：国企的经济实力和国际化经营管理能力相对较强，但在对外投资过程中往往被视作“国家意志”的体现，造成沿线国家的疑虑，于企业的海外经营不利；而民营企业的拼搏精神相对较强，近几年更是积极投资海外项目，成为“走出去”的“主力军”企业，但其国际化经营管理能力与经验往往相对薄弱，企业间联动合作能力较差，单打独斗之下其面临的风险也相对较高。如何有针对性地帮助企业提高经营管理能力、提供充足经济支持，从而帮助企业“走出去”，将成为继续推进“一带一路”建设不可忽视的一大问题。

2. 政府支持

政府保护和扶持企业（特别是民营企业）进行国际化投资和国际化经营的经验也相对不足，在资金支持、战略指导、信息指引和政策扶持等方面提供的帮助不到位。

在 2018 年发布的“一带一路”五通指数中，资金融通的平均分仅为 9.88 分，显著低于政策沟通、贸易畅通和民心相通的评分，说明“一带一路”倡议推进过程还需要更有效、更有力的资金融通渠道支撑。多数“一带一路”沿线国家经济基础较差，缺少金融健康发展的土壤，导致信贷利率高、企业融资难等问题，严重阻碍了企业发展。目前，“一带一路”项目的金融服务支持主要来自亚投行、丝路基金以及中国的国家开发银行、中国进出口银行和中国出口信用保险公司等政策性金融机构，信贷支持方式以出口信贷贷款为主，但这一金融支持模式在实际运行中面临总量性和结构性的约束和限制。另外，基础设施投资项目在中短期的低收益问题，严重制约了金融服务的供给。

从战略规划方面看，由于整体规划布局与统筹协调不到位，企业在海外投资中往往哄抢热门地区与热门产业，易导致重复投资、投资过剩等问题。此外，一些企业为争夺项目而罔顾市场规律，或打价格战，或“内斗”，不仅损害了“一带一路”的品牌形象，更是给静观其变的别国企业带来“坐收渔翁之利”的机会。

政策沟通方面，近年来，我国与“一带一路”沿线国家间在共建双边税收、贸易、投资协定网络方面的合作日渐紧密，但仍存在一些条款漏洞亟待弥补，以应对由投资者权益保护问题带来的重大挑战。如中国在 20 世纪 90 年代前后分别与波兰、保加利亚、匈牙利、乌克兰、摩尔多瓦、白俄罗斯、克罗地亚和立陶宛签订的 BIT 条款中含有限制国际仲裁受案范围的条款，投资者在寻求国际仲裁的法律救济时若是援引此类 BIT，则可能面临仲裁庭无管辖权的窘境，导致投资者利益受到潜在威胁。

三、案例分析

（一）案例一：中巴经济走廊风险分析

自 2015 年 4 月习近平主席访问巴基斯坦，中巴两国达成高达 460 亿美元的合作协议以来，中巴经济走廊建设一直稳步推进。这一具有重要战略意义的经济走廊将我国与中东地区更加紧密地联系在一起，开辟了我国能源运输的新通道，为我国能源安全提供了重要保障，同时也有利于我国经济的健康发展；对于巴基斯坦而言，中巴经济走廊也与其利益诉求高度契合，不仅有利于解决其国内能源危机，提高其基础设施建设水平，也有利于巴基斯坦经济的加速转型发展。总体来说，中巴经济走廊是惠及中巴双方的重要战略举措，发展前景良好，但也面临一系列风险。表 5 展示了各种风险及其原因和影响。

表 5　　中巴经济走廊风险

风险分类	风险源	风险事件	风险影响
政治风险	政治党派斗争	2014 年，巴基斯坦正义运动党和人民运动党以 2013 年大选舞弊为由，发动长时间的示威游行及静坐活动，要求谢里夫总理辞职、重新进行选举和行政改革，最终演变为一场政治危机	影响了习近平主席访问巴基斯坦的进程，中巴经济走廊建设推进工作受阻
公共安全风险	巴基斯坦恐怖主义较为严重；反政府武装活动频繁	"一带一路"合作重地瓜德尔港所在的俾路支省分离主义势力较大，经常爆发恐怖袭击事件	影响瓜德尔港项目建设运营进度，从而影响"一带一路"中巴经济走廊的整体布局
经济风险	巴基斯坦经济基础薄弱、营商环境欠佳	巴基斯坦工业发展较为落后，产业基础设施薄弱，资源丰富但开发能力欠缺；2019 年，巴基斯坦营商环境便利指数在全球 190 个国家和地区中排名 108	项目进行的基本条件不达标（如电力供应），影响项目进度；经营许可、税收制度、法律制度等的不完善降低了企业的投资意愿
国际政治势力的影响	1. 美国的压力 2. 印度的质疑 3. 伊朗的担忧	美国在中南亚推行所谓"新丝绸之路计划"，试图建立以美国为主导的中南亚地缘政治板块，与中国存在冲突	美国不断插手巴方俾路支省事务，可能对"一带一路"重点地区瓜德尔港建设产生影响

（二）案例二：斯里兰卡科伦坡港口项目风险分析

正如前文所述，政治风险是“一带一路”项目推进的一大重要风险来源，投资项目所在国的领导人换届、政治转型，乃至某些西方大国强制推行其价值观和制度等诸多国内外政治因素，都将给这些项目的正常推进和收益回收带来重大挑战。2015 年，斯里兰卡的科伦坡港口城项目的暂停就是政治风险的一大体现，其背后原因表面为领导人换届和政治转型带来的政策导向转变，但其本质是斯方试图平衡大国外交政策。

斯里兰卡位于南亚孟加拉湾附近的枢纽位置，其重要的战略地位和南亚长期错综复杂的政治文化形势，注定了斯里兰卡总被不可避免地卷入某些西方大国势力的影响中。为追求其自身的独立和发展，斯里兰卡不得已形成了在制衡、追随与平衡之间摇摆不定的大国外交政策。2009 年前后，斯里兰卡因泰米尔人及其人权问题与印度及西方国家关系恶化，出于打破外交孤立和战后重建的考虑而加强与中国的合作。据中国国家统计局数据统计，2009 年至 2014 年，中国在斯里兰卡承包工程完成投资额逐年递增，合计高达 85.25 亿美元，可见中国的投资为斯里兰卡的战后重建和基础设施建设起到了重要推动作用。但在此期间，斯里兰卡出于减轻对中国依赖、平衡中国影响的目标也开始积极寻求机会向印度和西方国家示好，试图使外交关系回暖，而后者出于对冲中国影响、遏制“一带一路”倡议推进的目的自然积极配合。斯里兰卡对中、印的多方合作及其摇摆不定的政策背后，是斯里兰卡平衡大国外交的意图。

斯里兰卡港口城项目总投资 14 亿美元，是斯里兰卡国内最大的外国直接投资项目，由中国交通建设集团下属的科伦坡港口城项目公司承建。该项目始于 2014 年，斯里兰卡财政计划部与中国商务部签署了关于在中斯经贸联委会框架下共同推进“21 世纪海上丝绸之路”和“马欣达愿景”建设的谅解备忘录，中方的“21 世纪海上丝绸之路”和斯方的“马欣达愿景”在设想上的不谋而合，使得中斯两国一拍即合，斯里兰卡前总统拉贾帕克萨表示：斯方愿与中方共同建设和运营好汉班托塔港和科伦坡港等重点合作项目。

然而，2015 年 1 月，斯里兰卡总统换届选举中，拉贾帕克萨意外落选，新总统西里塞纳上任后，新政府迅速叫停科伦坡港口城建设项目，且在停工期间表现出前后摇摆甚至矛盾的态度。2015 年 2 月，斯里兰卡外长萨马拉维拉访华时表示审议并非针对中方在斯合作项目，而是旨在创造更佳的投资环境。对此中方表示理解。同年 3 月，斯方新总统西里塞纳对华进行国事访问时表示：科伦坡港口城出现的情况是暂时的、短期的，问题不在中方。但同时，斯方高速公路与投资促进部部长哈西姆却称港口城项目协定由上届政府签署，一开始就没有得到法律批准。此后一年，科伦坡港口城的建设几乎停滞，期间，斯里兰卡国内对于此事件的政界说辞与舆论风向也在反复摇摆，对于科伦坡港口城建设已被批准或是可能停工的表态矛盾百出、难辨真伪。直至 2016 年 4 月，科伦坡港口城项目才得以正式复工。斯方对叫停项目作出的解释为环境和法律问题方面的不合规。但针对此解释，中交集团则表示港口城项目自始至终完全符合斯里兰卡的法律规定。在长达一年的停滞时间里，科伦坡港口城项目的建设工期严重延误，中交集团估算由于停工带来的项目直接损失高达每天 38 万美元，并向斯方提出 1.4 亿美元的索赔要求。经过谈判，中交集团放弃对斯政府索赔，斯政府另外划拨 2 公顷土地给中国公司作为补偿。2019 年 1 月，科伦坡港口城 269 公顷吹填土地已全部形成。2019 年 7 月，经斯里兰卡议会批准，科伦坡港口城正式成为斯里兰卡科伦坡的一部分，科伦坡港口城建设项目基本告一段落。

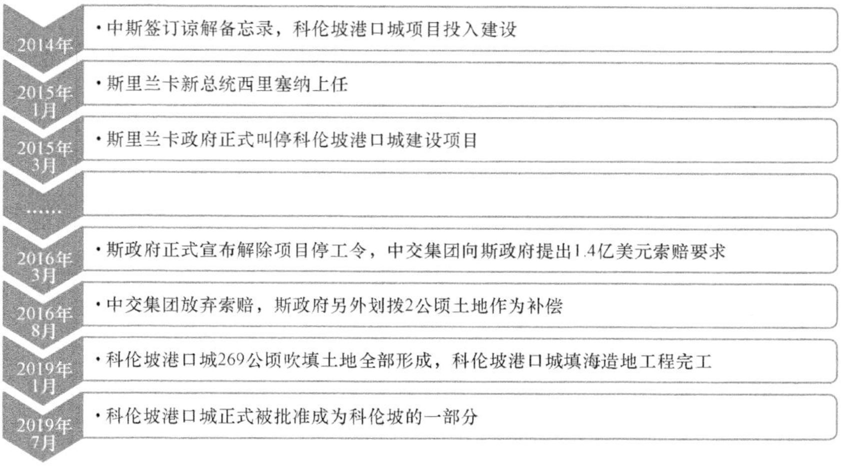

图 4　斯里兰卡科伦坡港口城项目发展历程

回顾科伦坡港口城项目被叫停事件的始末，其被叫停原因中虽可能也存在中国企业不了解斯里兰卡劳工待遇、环境保护政策等基础情况的因素，但其本质原因主要有如下几点：其一，斯方新政府的摇摆态度疑是为斯方新总统西里塞纳所谓“平衡外交”的政策开路，这一点从西里塞纳上任伊始便接连先后访问印度与中国的外交举动亦可见一斑。其二，斯方新总统西里塞纳的上任离不开印度的支持，叫停科伦坡港项目体现了印度阻止中国推进“一带一路”建设、扩大国际影响力的战略意图。其三，美、日以对斯里兰卡的经济与军事援助为手段插手斯里兰卡的国内事务，试图离间中斯友好外交关系，破坏中斯合作进程。

概览本次事件，斯里兰卡政府在西方大国政治势力的裹挟中不得已的摇摆政策可以理解，试图“平衡外交”也可以理解，但这样的政治波动给中国驻斯投资企业带来的损失不仅严重且是不可逆的。这不仅严重打击中国企业“走出去”的积极性，更对企业的投资效益回收带来严重影响，甚至引发企业资金链断裂等问题，损害企业运营根基。从规避投资风险的角度来看，本次事件一方面警示中方企业在进行对外投资时要对东道国投资环境做充分研究，在各个环节都要做好潜在风险评估、规避、对冲工作；另一方面也提示中国政府要承担起提示企业对外投资风险的义务，为中国企业“走出去”提供坚实的政策后盾与资金支持，切实保护在外中国企业的切身利益。

四、结论与建议

回看11年来的发展历程，“一带一路”建设收获亮点纷呈，五通建设成绩优异，“六廊六路多国多港”也为推进经济全球化，推动构建人类命运共同体的中国方案指明了重点发展方向。但随着合作的深入，参与“一带一路”的企业主体也越来越多，世界政治经济局势也风云变幻，我国企业在“走出去”的过程中，在投融资时面临的国际敌对势力的阻碍、东道国风险和我国自身的不确定性也在增加，亟待各界学者和各类机构积极为“一带一路”的高质量发展建言献策。针对上文所述的风险，分别从金融建设层面、企业自身层面和政府层面提出几点建议。

（一）金融建设层面

1. 加快金融创新，降低企业海外投资风险

面对“一带一路”沿线国家错综复杂的投资环境，海外投资保险是为企业提供保障最有效的方法之一，可以为投资者在东道国发生的税收、汇兑限制、战争及政治动乱或单纯的主体违约提供损失赔偿。但我国保险行业目前在海外投资保险业务经验较少，中国信保等一些大型保险机构的服务对象也主要是国家开发银行、大型国企等机构。所以，开发针对“一带一路”地区金融业务的保险产品，加强保险公司对中小企业的支持是十分必要的。具体来说，可以根据项目特点，结合证券、基金、信贷，在保险类型、期限、保费等方面进行创新，为参与“一带一路”的企业提供个性化保险服务。如中国信保近年来创设的海外投资（股权、债权）保单，就是为鼓励中国企业对外投资而提供的、承担投资项下股东权益损失的保险产品。

除商业保险外，还可以利用金融衍生工具创新开发风险对冲产品，为企业提供跨境投资咨询、风险管理等专项服务，助力企业“走出去”。

2. 提升中资和多边金融机构的服务能力

加快我国中资金融机构的国际化布局进程，助力人民币国际化和“一带一路”中“资金融通”“民心相通”进程，为我国企业的国际化投资提供便利。同时，更要发挥各种合

作基金、多边金融机构的巨大作用，如丝路基金、中国—欧亚经济合作基金、亚投行、金砖国家新开发银行等。可以由我国牵头去促进这些机构对“一带一路”项目的服务，为更多有发展前景的中小企业和项目提供贷款支持和股权融资支持，同时保持这些机构高度开放的特点，以便更多国家参与其中，积极共建国际化标准的创新型多边金融机构。

3. 鼓励企业境外融资

在为中小企业提供贷款政策性支持的同时，也要丰富中小企业的融资渠道，特别是加强与境外政府、金融机构和投资者的合作，降低企业融资难度和投资风险。如可在保障债券市场稳定的前提下，鼓励中小企业发行境外人民币债券、中资美元债等直接融资工具来筹集资金，降低融资成本。同时，我国金融机构在为“一带一路”项目进行融资时，要坚持互利共赢风险共担原则，充分利用国家有关“一带一路”建设的优惠政策，加强与东道国政策性银行、主权财富基金等的合作，鼓励中方企业以资金、技术等入股东道国负责项目对接的企业，建立双边企业和金融机构深入合作的机制。

（二）企业层面

1. 构建和完善对外投资风险评估预警机制

企业“走出去”本身就面临诸多风险，部分“一带一路”合作国家的风险更加显著，所以仅有金融制度方面的创新发展还远远不够，企业应该从根本上提升自己风险评估、监测、应对的能力。首先，借鉴国内外跨国企业的风险管理模式，结合国家层面的风险防控工作，积极与咨询公司等中介机构合作，识别、评估合作国家和地区的各项风险；其次，选取相应的风险指标，在投资前、项目建设期、运营期等各个阶段对风险指标进行考察、监测；最后，还要构建出针对该国家和项目投资风险的预警机制和应急处理方案，力求在风险事件发生时尽可能减少损失。

2. 积极拓展融资渠道

虽然有亚投行、丝路基金等的资金支持，但这些机构不能覆盖复杂多样的融资需求，企业也应该积极拓展新的融资渠道。面对日新月异的市场和政策环境，企业应该深入了解环境变化催生的新型融资渠道，结合自身偿债能力、利润水平、现金流特色以及东道国和项目特点，创新融资方式。如多进行股权融资，从而减轻日常经营压力；寻求各个地方的政策扶持，近年来我国地方为实施“一带一路”倡议，纷纷建立了发展基金，企业可积极对接这些基金的发展；此外，PPP 模式也是当下“一带一路”沿线国家基础设施建设筹集配套资金的重要合作模式之一，企业可以抓住机遇，积极参与。

3.“抱团走出去”

企业还应该加强与其他企业的联系，积极参与产业经济合作区建设，“抱团走出去”，以获得更多政策支持，实现合作的规模经济效应，降低投资经营风险。可以是先“走出去”的、已经对东道国营商环境较为熟悉的企业带动有发展潜力的企业“走出去”，也可以是一个产业链的上下游企业一起“走出去”，增强产业的协同能力和整体抗风险能力。

（三）政府层面

1. 强化风险防控系统，完善对外投资信息服务平台

为便利我国企业投融资决策和金融机构提供服务，政府应建立和完善海外投资风险防控体系：加强我国和国际征信机构、信用评级机构、信息综合服务机构之间的交流与合作，努力提升信用评级管理体系的公允性和风险调整预警的及时性，对重点国家和行业进行动态监测；推动亚投行等多边金融机构开展投资可行性分析与风险收益评估，为企业提供风险投资指南和预警，提高项目库的透明度，以便监督考察；充分发挥咨询公司和律师事务所等机构的跨境服务职能，为企业提供风险评估、法律咨询等中介服务，并鼓励这类机构牵头或积极参与搭建“一带一路”对外投资信息服务平台，为企业在投资决策、寻求权益保护时提供及时有效的信息服务。

2. 推进合作国家战略对接，加强民心相通建设

虽然我国在对外开放合作发展中一直倡导“团结互信、平等互利、包容互鉴、合作共赢”的理念，但随着我国经济实力的增强，总有一些居心叵测的西方媒体把我国的经济发展战略与所谓“军事扩张”等联系起来，难免使部分“一带一路”合作国家对我国企业心存疑虑。因此，我们应该积极与合作国家开展对话，加强战略对接，从各国的利益诉求和发展规划中寻找合作契机，将东道国的优势与我国的资金、技术充分结合，共建利益共同体；同时要加强民心相通建设，让东道国民众更加了解中国、了解我们的发展理念，讲好“中国故事”，构建人类命运共同体。具体来说，我国要加强国际积极舆论的营造，耐心阐释我们“共商、共建、共享”的发展原则，为我国企业海外投资消除疑云；对一些敏感地区，减少我国对外投资的“政府色彩”，指引民企与外企积极进行联合投资，减少东道国的疑虑；积极引导企业承担社会责任，落实“互利共赢”的理念，积极促进东道国的经济和社会发展，用实际行动给当地民众带来切实利益，让“一带一路”共同发展的理念深入人心。

3. 强化财税支持，推动投资主体多元化

此外，政府还应该积极建立和完善企业对外投资的奖励与补助制度，鼓励和推动我国民营企业积极参与对接“一带一路”项目，对纳入境外投资重点合作项目库的项目，

可在资金、税收等政策方面给予适当倾斜。发挥丝路基金和亚投行与其他多边金融机构的积极作用，研究设立境外投资合作发展引导资金，用以支持重点项目，提供前期费用补助、贷款贴息和保险补贴等，特别是加强对资金实力较弱的民营企业和中小企业的支持，从而改变“走出去”的企业中，国企占主要地位的局面，形成国企和民企互相补充、互相扶持发展的格局，助力我国民营企业的发展，为东道国经济发展注入新的活力，提高我国企业的整体国际竞争力。

参考文献

[1] 傅小强. 孟加拉湾地区反恐形势变化的特点、影响与对策 [J]. 南亚研究季刊，2019，(3)：6，101－108.

[2] 葛汉文，高建. 斯里兰卡“毁约”背后 [J]. 唯实，2015，(6)：92－94.

[3] 辜胜阻，吴沁沁，庄芹芹. 推动“一带一路”建设与企业“走出去”的对策思考 [J]. 经济纵横，2017，(2)：7－15.

[4] 顾强. 越南各阶层对“一带一路”的认知与态度及其应对策略研究——对越南进行的实证调研分析 [J]. 世界经济与政治论坛，2016，(5)：97－109.

[5] 郭敏，李晓峰，程健.“一带一路”建设中中国企业“走出去”面临的风险与应对措施 [J]. 西北大学学报（哲学社会科学版），2019，49（6)：88－93.

[6] 郭敏，李晓峰，程健.“一带一路”建设中中国企业“走出去”面临的风险与应对措施 [J]. 西北大学学报（哲学社会科学版），2019，49（6)：90－95.

[7] 贺方彬. 海外精英对“一带一路”倡议的认知及启示 [J]. 当代世界与社会主义，2019，(4)：192－201.

[8] 李兵，颜晓晨. 中国与“一带一路”沿线国家双边贸易的新比较优势——公共安全的视角 [J]. 经济研究，2018，53（1)：185－199.

[9] 李锋.“一带一路”沿线国家的投资风险与应对策略[J]. 中国流通经济，2016，30(2)：117－123.

[10] 李捷，王露. 联盟或平衡：斯里兰卡对大国外交政策评析[J]. 南亚研究，2016，(3)：70－91，158－159.

[11] 李晓，李俊久.“一带一路”与中国地缘政治经济战略的重构 [J]. 世界经济与政治，2015，(10)：30－59，156－157.

[12] 李永群，应万明，袁飞. 基于数据挖掘的全球恐怖主义数据库数据分析[J]. 经济数学，2019，(2)：91－94.

[13] 刘勇．“一带一路”投资风险及其法律应对——以“尤科斯诉俄罗斯案”为视角［J］．环球法律评论，2018，40（1）：179－196.

[14] 孟刚．以绿色、普惠和本币金融引领“一带一路”金融创新［J］．新金融，2017，（11）：38－42.

[15] 齐萌．“一带一路”视角下的伊斯兰金融监管制度研究［J］．上海财经大学学报，2015，17（5）：106－113.

[16] 胥爱欢．“一带一路”建设中主权信用风险的防控——来自欧债危机救助的经验与教训［J］．西南金融，2018，（8）：13－18.

[17] 杨伯江．新时代中美日关系：新态势、新课题、新机遇［J］．日本学刊，2019，（1）：1－18.

[18] 张利华，胡芳欣．日本对“一带一路”倡议态度转变及其机遇［J］．人民论坛·学术前沿，2019（03）：86－94.

[19] 郑联盛．“一带一路”项目金融需求的供给匹配［J］．开放导报，2019，（1）：35－39.

[20] 钟声．澳大利亚政客应多些自省意识［N］．人民日报，2018－01－12（003）.

基础设施项目 PPP 模式的 VFM 应用研究

◎ 宋琛　宋杨*

一、导论

（一）研究背景及意义

PPP（Public Private Partnership）模式，即政府与社会资本合作模式，具体为政府与私人部门合作，由政府主导项目，私人部门参与项目的运营、维护等方面的活动，从而实现政府部门的职能并使私人部门获益。PPP 模式的重要特征表现为公私之间分担风险、共享利益、合作互助等（刘薇，2015）。在基础设施需求日益增加的当下，引入私人资本对减轻政府压力及满足需求是十分必要的。

PPP 模式自英国首次推出以来，经历了三十多年的发展和变革。该模式在 20 世纪 80 年代引入我国，发展至今已有很多突破。经济的不断发展，要求政府提供更多更高质量的基础设施，不断增加其财政压力。而 PPP 模式通过引入社会资本，在很大程度上帮助政府分担资金压力。近几年，中国政府大力支持 PPP 模式的应用和发展，不仅在国内基础设施建设中广泛呼吁社会资本参与，而且在“一带一路”等对外交往中也经常联合私人部门提供服务。根据全国 PPP 综合信息平台项目管理库的公示，直至 2019 年 11 月底，我国共有 9 388 个 PPP 项目入库，金额达 14.30 万亿元人民币。在项目库中，数量最多的是市政工程，共 3 770 项，占比 40.16%，排名第二位的是交通运输项目，共 1 318 项，占比 14.04%①。

私人资本参与 PPP 模式有很多不同形式，如 BTO（Build-Transfer-Operate，建设—

---

* 宋琛，对外经济贸易大学金融学院、“一带一路”PPP 发展研究中心，E-mail：songchen@uibe.edu.cn；宋杨，江西财经大学财税与公共管理学院，E-mail：hefan0318@163.com。

① 财政部政府和社会资本合作中心，http://www.cpppc.org:8086/pppcentral/map/toPPPMap.do。

移交—运营)、BOT(Build-Operate-Transfer，建设—运营—移交)、TOT(Transfer-Operate-Transfer，移交—经营—移交)等。国内所指的PPP模式一般指其狭义定义，即由政府主导项目的开始，由社会资本承担建造、运营、维护等，且大多数项目采用BOT模式。私人部门在PPP项目中获得付费的方式主要包括：“使用者付费”“政府付费”和“可行性缺口补助”，分别对应着由使用者直接付费购买；由政府直接付费购买；以及当使用者付费不足时，由政府给予补贴，以确保项目公司收回投资并取得合理回报。

一般认为，对于公共部门来说，通过采用PPP融资模式，可以缓解其财政压力，并且将绝大部分的项目风险转移给社会资本方。对于私人部门来说，参与政府主导的项目，相当于选择了由政府信用作支撑的项目，可以在低风险的基础上获得持续的现金流。

然而，由于社会资本方是项目的主要管理者，政府对项目的控制力较弱，在运营、维护等阶段缺少发言权。当项目的实际成本与预估成本存在较大偏差时，“政府付费”或“可行性缺口补助”的付费模式将会进一步增加财政支出。此外，在采用“使用者付费”的情况下，由于采用PPP模式的项目多是基础设施建设项目，社会公益性强，该模式可能在一定程度上削弱公众对基建项目的需求程度，降低收益，政府仍将承担项目的部分风险。对于私人部门来说，PPP项目本身具有投资大、周期长、回报率低等特点，私人部门将面临包括政治风险、利率风险、市场风险等众多风险，即使有政府信用担保，也不能完全保障收益。

投资巨大的PPP项目一旦失败，可能导致私人部门破产清算，政府部门财政压力增大，并造成社会资源巨大的浪费。PPP模式作为传统投资模式的替代办法，并非适合所有项目，因此有必要对这两种模式进行比较并选择最佳模式(Cruz and Marques，2013)。世界各国出台了一系列的措施来监管PPP模式，包括PPP项目的准入监管以及绩效监管，以实现事前预防、事后评判。准入监管发生在项目以PPP模式实施前，将考虑失败的可能性。而绩效监管发生在PPP项目实施后，无法纠正实施过程中的错误。综合来看，准入监管可以将损失的可能性降到最低，关注项目采取PPP模式的必要性及可行性，避免对PPP模式的盲目推崇，避免资源的浪费。

物有所值(Value for Money，VFM)评价方法是准入监管中最常用的方法，通过对比项目分别以PPP模式及传统政府投资模式实施的成本及风险，可以在项目实施的整个生命期内进行追踪，指引和改进项目的运营。VFM评价分为定性和定量两个方面，分别对比两种模式下的实施质量及量化成本。

国内目前十分重视准入监管及VFM评价的落实，已经出台《PPP项目物有所值评价指引》，对定性评价进行规范化指导。而由于缺乏数据的积累，实践中较少采用定量评价。

但是，定性评价存在较强的主观性，定量评价作为客观补充，在监管工作中不能忽视。

因此，本文希望能够克服数据不充分、风险难以量化的困难，完善国内 VFM 定量评价方法。选取 PPP 项目库中某一轨道交通项目，在专家预测和分析的基础上，利用蒙特卡洛方法模拟各种不确定性，得到可能的 VFM 量化结果。

（二）文献综述

1. 监管类型

为使 PPP 模式在基础设施建设活动中更高效地发挥作用，要先确定实施监管的方法措施。根据监管实施时间的不同，可以分为两类（王守清和刘婷，2014）：准入监管、绩效监管。

（1）准入监管

准入监管的核心是物有所值（VFM）评价，VFM 评价意味着并非总是选择最低成本的方案，而是在综合衡量成本和质量的前提下，判断项目以 PPP 模式实施能否实现更高效率，选择最适合的方案（Takim et al.，2009）。该项评价发生在项目实施前，将失败的可能性尽可能降低。

“物有所值”通常由两部分组成：无法量化的质量部分，以及可以比较衡量的数量部分。因此，要进行全面的评估，需要结合定性和定量两个方面讨论（Sarmento，2010）。

通过确定评价指标因素及权重，并由专家进行打分的 VFM 定性评价方法有着渊远的研究历史，其对评价 PPP 模式的必要性及可行性十分重要（Tsamboulas et al.，2013）。包括中国在内的许多国家都采用这样的 VFM 定性评价方法。例如，在国内理论研究中，借鉴实践方法，以济青铁路为例，确定 12 项评价指标，并分别给予权重，根据专家打分结果评估项目的可实施性（杜静和吴洪樾，2016）。

VFM 的定性评价较多采用问卷调查与专家打分的形式，如果结果证明适宜采用 PPP 模式，不能直接断定 PPP 模式优于传统模式，应进一步从定量的角度进行评判（王千惠，2015）。

各国进行 VFM 定量评价主要采用以下两种方法，即成本效益分析法（Cost Benefit Analysis，CBA）和公共部门参照标准法（Public Sector Comparator，PSC）。

成本效益分析法（CBA）的基本原则是计算项目每年的成本和收益，由此形成每年的现金流，并将其进行折现加总得到项目的净现值（NPV）。在计算过程中，未来成本和收益的估计存在较大不确定性，并且折现率的误差会对数据结果产生巨大的影响。

公共部门参照标准法（PSC），假设项目分别采用传统政府投资模式和 PPP 模式实施，在假设二者能得到相同的产出的前提下，比较两种情况下政府部门付出成本的现值大小。如果在 PPP 模式下政府支出成本更少，则说明 PPP 模式是“物有所值”的。该种方法同样受折现率影响较大，并且政府和社会资本方之间风险分担是否合理也是重要影响因素。

对比 20 多个国家所采用的 VFM 评价方法，PSC 方法在实际应用中更具优势（Grimsey and Lewis，2005）。在实践中，包括我国在内的许多国家更多地使用 PSC 方法进行物有所值的定量评价，因此，本文重点研究 PSC 方法的应用。

定量得到 VFM 的过程中涉及很多假设前提，有诸多因素影响 VFM 的结果。例如，通过对比分析美国 7 项公路 PPP 项目所实施的 VFM 评价，发现 PSC 的结果因研究者的不同而有很大区别，风险转移机制、偿还计划以及折现率的选择也会对 VFM 结果有很大的影响（Kweun et al.，2018）。根据在中国香港和澳大利亚进行的问卷调查，得到风险评估指标的重要性排序，其中有效的风险分配对于能否在 PPP 项目中实现 VFM 是最为重要的（Cheung et al.，2009）。对日本 397 个 PPP 案例进行研究，在影响日本 PPP 项目 VFM 评价的关键因素中，公私部门间风险及利益分配的合理性对结果尤其重要（Hu et al.，2014）。因此，在进行 VFM 定量评价时，应该对各种假设进行谨慎选择，综合考虑各种可能出现的情况。

（2）绩效监管

绩效监管主要是指由政府部门对已经实施的 PPP 项目进行监管，评价其完成情况。目前，世界上对 PPP 项目的绩效监管存在多种形式，应用广泛的包括平衡记分卡（CBSC）、关键成功因素（CSF）、关键绩效指标（KPI）。

很多学者专注于研究如何将平衡记分卡方法引入 PPP 项目评价。平衡记分卡在传统商业管理中被广泛地用于综合评价业绩，若将其应用于评价 PPP 项目，虽在实践中仍存在一些不足，但是其具备技术和政策的可行性，能够以“平衡理念”直观地获取项目目标实现情况（邓妍沁，2019）。对比其他常用的评价方法，该方法在平衡和战略角度拥有显著优势，并且通过实例验证，平衡记分卡能很好地对应经营与绩效成果（王珮，2017）。

实践中，更多的学者关注关键成功因素（CSF）及关键绩效指标（KPI）在 PPP 项目中的应用。通过识别项目各个时点的关键成功因素（CSF），并将其量化为关键绩效指标（KPI），分析整个生命周期内的绩效表现。为了得到更客观公正的分析，应由独立于项目实施的第三方，分别从经济、效率、效果等方面进行评价（王超等，2014）。但是，由于关键成功因素的选择在很大程度上受主观因素的影响，该方法仍待改进。此外，由于 PPP 项目的基本情况会在实施过程中随时间发生变化，动态 KPI 分析、全生命周期评价有十分重要的意义（Garvin et al.，2011）。

综合来说，将绩效监管与准入监管相对比，绩效评价方面的研究大多停留在理论层面，大量文献都建立在专家打分及评价的基础上。虽然专家拥有丰富经验，但是主观判断无法保证分析的客观性（陈龙，2017）。另外，考虑到 PPP 项目涉及主体众多、影响因素复杂、结果影响深远等，绩效监管评价已完成的 PPP 项目，不能修正实施过程中可能存在的风险。因此，综合来看，在 PPP 项目实施前进行准入监管，判断采用 PPP 模式是否物有所值（VFM），有助于更好地发挥 PPP 模式的优势，规避可能发生的风险。

2. VFM 常用方法——公共部门参照标准法（PSC）

总结对比世界上大部分国家及地区进行 VFM 评价的情况，大多数国家综合采用定性及定量方法，且主要应用公共部门参照标准法（PSC）进行定量分析。PSC 方法通过对比 PPP 模式与传统模式，能直观地展现 PPP 模式的成本优势，可以鼓励投标竞争，使私人部门有动力降低成本、健康运营（刘广生和文童，2013）。除此以外，该方法还具有其他方面的特点。首先，PSC 综合考虑了服务质量、时间、价格、风险分担等因素，综合考虑财务信息和非财务信息，有助于对 PPP 项目进行全面的 VFM 评价（Ismail et al.，2012）。另外，PSC 模型中不仅要考虑资金使用的效率问题，也要考虑项目实施所能实现的社会效益，因此该方法也可以反映项目实施为社会带来的影响（袁竞峰等，2012）。

结合我国具体国情，PSC 方法也是我国可操作性最强的方法（苏汝劼和胡富捷，2017）。例如，对北京市一具体的保障房进行实例分析，PSC 在我国保障房 PPP 项目中的应用具有可实施性和易操作性（刁昳和李凤，2015）。同样，利用该方法也可以验证某一城市地下综合管廊是否适合采用 PPP 模式（刘慧慧等，2016）。因此，我国应在定性分析的基础上，完善 PSC 方法的运用，补充 VFM 的定量评价（张紫薇，2018）。

PSC 方法主要应用在 PPP 项目实施前的评判，在得到预测结果的过程中涉及对很多因素的假设，不同的假设将会在不同程度上影响评判结果。为了使 PPP 模式下的成本与公共部门参照标准模式下的成本具有可比性，至少需要假设在两种模式下有相同的基准日期、折现率、物价变动指数、现金流时间（王盈盈等，2015）。另外，鉴于 PPP 项目建设周期较长，折现率微小的变动都会对成本现值产生巨大的影响，因此需要谨慎选取折现率（董纪昌，2016）。

政府与私人部门之间风险分担合理与否，也是影响 VFM 的重要因素。目前实践中有多种方法对风险进行识别、量化及分担。例如，将公私之间风险分配看成彼此的协商过程，双方通过博弈，确定彼此满意的风险分担模式（Medda，2007）。或者运用专家打分和层次分析法进行风险损失的评估，同时用集值统计法估计风险发生概率（罗媛媛，

2017）。也可以通过对专家进行访谈，运用模糊层次分析法量化风险并确定分配比例（熊超男，2017）。

除此以外，鉴于 PPP 项目的风险在建设、运营、维护等各个过程中有所不同，能否及时准确地识别和判断各种不确定性，将会影响评价结果（江国华和贺馨宇，2019）。因此，在关注风险量化方法和折现率之外，应注重分阶段判断，并在 VFM 评价结束后进一步追踪评价（梁玲霞等，2018）。

3. 蒙特卡洛方法在 VFM 定量评价中的应用

在计算机技术广泛应用与进步的同时，风险分析也更多借助计算机技术进行分析和计算。借此，VFM 定量评价可以通过大量数据分析，全面考虑各种可能出现的情况。

蒙特卡洛方法以概率统计理论为基础，对无法精准确定的风险因素进行不同概率的模拟运算。蒙特卡洛方法较少依赖主观判断，可以通过计算机大量重复运算提高分析的精度，以其客观性成为风险分析中被广泛应用的方法之一。

例如，蒙特卡洛方法可以模拟项目未来投资、收入、成本等因素，计算内部收益率和净现值的概率分布，并根据模拟结果判断项目收益及风险（孙建平和李胜，2005）。在现金流量模型中应用蒙特卡洛方法，不仅可以得到所求价值的点的估计，而且还可以得到其可能的分布区间（Hoesli et al.，2006）。将蒙特卡洛方法应用于具体 PPP 项目案例中，根据已知数据，对各个可变因素进行概率分布模拟，得到可能的收益率、净现值等，使投资决策者看到直观的收益及风险分析（潘华和周小凤，2018）。

VFM 定量评价中同样可以运用蒙特卡洛方法确定诸多不确定性因素。例如，对于广泛应用 PPP 模式的轨道交通项目，可以应用蒙特卡洛方法，对客流量及收益进行模拟预测，确定收入的上下限（Bagui and Ghosh，2012）。通过识别交通流量和项目成本等参数，应用净现值模型，利用蒙特卡洛方法确定各种输入参数的可能性，量化轨道交通项目的财务风险（Kumar et al.，2018）。将这种方法应用在越南已实施的某 PPP 项目中，VFM 结果显示仅有 23%的可能性 PPP 模式是“物有所值”的，如果项目实施前进行更为全面谨慎的判断，该项目可能不会采用 PPP 模式（Hang，2016）。而将该方法应用在国内某一采用 PPP 模式的轨道交通项目，结果显示超过 78%的概率 VFM＞0，适合采用 PPP 模式（Liang and Hu，2017）。综合来说，在现金流模型中引入蒙特卡洛方法在实践中有可操作性，并且对 PPP 项目是否应该实施具有指导性，有助于 PPP 项目有序地发展。

（三）研究内容及方法

通过对比评判 PPP 项目方法的优劣，综合来看，为了更好地发挥 PPP 模式对经济和社会的正面影响，需要在项目实施前对其进行 VFM 评价，以避免对 PPP 模式的盲目推崇造成资源浪费。目前学术界对 PPP 项目 VFM 评价的研究以定性分析为主，缺乏定量分析的研究。在实践中，包括我国在内的许多国家都已形成较为完善的 VFM 定性评价体系，并且不断探索定量评价的应用。普遍应用的定量分析大都利用问卷调查的结果，研究结果有很大的主观性。本文借鉴现阶段实践中使用的定量评价方法，希望在此基础上提出更为客观准确的 VFM 定量评价方法。

公共部门参照标准法（PSC）是目前广泛应用的一种 VFM 定量评价方法，通过学习其他国家在 PSC 方法上的经验，本文主要研究的是 PSC 方法在我国的应用。

PSC 方法在应用中涉及较多假设因素，考虑到 PPP 项目投资大、周期长、参与主体多等特点，假设因素的准确程度将会对结果有很大影响。因此，本文将重点关注各种假设因素的客观性和准确性，尝试将蒙特卡洛方法引入 VFM 定量分析模型中，借助计算机模拟诸多不确定性因素可能出现的情况。即结合蒙特卡洛方法，对 PSC 方法进行改进，对无法准确估计的因素以可能的概率分布予以代替，尝试得到 VFM 量化结果的概率分布，该结果综合考虑了各种风险和可能性，更加客观全面，能对项目是否采用 PPP 模式提出更为宝贵的意见。

为了更好地验证本文所提模型的可操作性和准确性，文章选取国内某一处于实施阶段的 PPP 项目作为案例，应用文章所提出的模型，利用计算机进行上千次模拟，得到 VFM 可能的量化结果，将其与实际相对照。另外，进行敏感性分析，识别对结果产生重要影响的因素。本文希望该模型能够优化国内目前 VFM 定量评价方法，能够对国内 PPP 项目的实施有建设性的启发，促进公私部门资源的合理配置，提高经济效率。

本文将主要运用以下方法进行分析。

第一，设计 VFM 模型，分别从定性和定量角度估计特定项目以 PPP 模式实施的必要性。主要包括三个流程：首先，选择投资项目，假定该项目的实施采用 PPP 模式；其次，定性分析该项目在 PPP 模式下具有的优势；最后，在相同的假设条件下，制定对应的传统政府投资方案，构建 PSC 模型、PPP 模型，进行 VFM 定量评估，借助蒙特卡洛方法得到 VFM 量化结果。

第二，为了验证以上方法的准确性与可操作性，选择国内某一处于执行阶段的 PPP 项目，运用上述评价方法。鉴于目前 PPP 模式主要应用于各种基础设施的建设，其中轨道交通项目占比很高，故选取国内 PPP 项目库中某一轨道交通项目作为实例，应用上述方法进行完整的 VFM 评价，并对比所得结果与实际。

二、PPP 项目的准入监管 VFM 评价

为了使政府和私人部门更好地在各自优势领域发挥作用，优化资源配置，提高经济效率，需要对 PPP 模式进行监管和评价，主要包括准入监管与绩效监管。通过监管，促使各个参与主体积极承担自身责任，不断优化和调整运营与管理；通过评价，积累经验，使后续 PPP 模式的发展遵循正确道路。

准入监管一般在项目实施前开展，核心模型是物有所值（Value for Money，VFM）评价模型，其最早由英国财政部提出，后继被其他国家效仿使用。该模型可用于事前及事后。用于事前综合分析各种风险和不确定性，判断 PPP 模式是否有可行；用于事后以验证 PPP 模式优于传统模式（崔彩云等，2016）。对比来看，将 VFM 模型用于事前评价更有利于发挥其评判指引的作用，世界各国也普遍应用 VFM 的事前评价。

绩效监管评价主要针对已经采用 PPP 模式实施的项目，对比准入监管，绩效监管可以指导未来 PPP 项目的实施，但是不能修正被评价对象在执行阶段的错误，不能避免项目失败的可能。因此，本节内容将以准入监管 VFM 评价为重点进行讨论。

（一）VFM 定性评价

VFM 评价分为定性评价和定量评价。例如英国、美国、加拿大、澳大利亚等大部分国家和地区将两种方法结合使用，会在项目以 PPP 模式实施前后，对其进行全面定性和定量分析。少数国家仅选择单一的定性或定量方法对 PPP 模式进行评价，如韩国仅仅在项目实施前进行定量评价，印度则仅在项目实施后进行定性评价（梁玲霞等，2018）。目前国内 VFM 评价主要集中在定性分析，较少涉及定量分析。

定性评价主要采用专家打分法、头脑风暴法、专家会议法等，通过对选定指标进行评判打分，综合分析 PPP 模式对比传统模式的优劣势，综合评估项目以 PPP 模式实施所能实现的财务和非财务价值（胡蛇庆等，2017）。我国于 2015 年颁布《PPP 物有所值评价指引（试行）》（下文简称为《指引》），规范评价过程。

根据《指引》所述，我国进行 VFM 评价的基本流程主要为：实施前的准备、定性评价、定量评价（可选）、出具报告和信息披露。

评价准备工作作为整个工作的开端，由项目参与者提供包括实施方案、产出说明、可行性报告、风险分配和识别情况报告等资料，并且确定是否开展定量评价，以及确定实施的基本内容及方法。

定性评价首先要确定评价的具体指标，根据经验并结合重要性赋予各自不同权重，

之后再组织专家进行打分。专家组成员主要为专业从事资产评估、会计管理、财政分析等工作的经济专家，以及从事法律、建筑施工、工程管理等非经济方面的专家。在充分讨论形成对项目全面的认识之后，各个专家对不同指标进行打分，最终得到加权得分，形成定性评价结果。

《指引》列明 VFM 定性评价的 6 项基本指标和 6 项补充指标，实践中，前 6 项不得更改，后 6 项可按实际选定。围绕可行性、可实现性和有益性三个角度，结合重要程度赋予各指标相应权重。

表 1　　我国 VFM 定性评价指标

	指标名称	评判项目
基本指标	全生命周期整合程度	全生命周期各环节能否实现长期且充分的整合
	风险识别与分配	风险因素能否被全部识别、合理分配
	绩效导向与鼓励创新	绩效标准和监管机制设置状况，项目如何鼓励社会参与创新
	潜在竞争程度	在多大程度上吸引社会资本参与竞争
	政府机构能力	政府转变职能、优化服务、依法履约、行政监管等能力
	可融资性	项目的市场融资能力
补充指标	指标名称	评判项目
	项目规模大小	项目投资规模大小
	预期使用寿命长短	项目预期使用寿命
	主要固定资产种类	项目投资的主要固定资产
	全生命周期成本预测准确性	项目成本的理解及估计的准确性
	运营收入增长潜力	项目收入增长和未来发展
	行业示范性	项目在行业中的示范作用

资料来源：《PPP 物有所值评价指引（试行）》。

若事先决定不进行定量评价，理论上上述评价得分超过60分即通过PPP项目的审核，进入执行阶段；否则，进行 VFM 定量评价以作进一步的判断。在成本很难估计的情况下，定量评价可能因缺少基本的数据支持而难以实施，定性评价的结果将更加重要。但是，基于主观判断得到的定性评价结论难以做到完全科学和客观，结果是否有效仍待讨论（梁晴雪和胡昊，2018）。除此以外，定性评价还存在其他不足：首先，定性评价仅仅发生在项目实施前的阶段，没有对项目实施的各个阶段进行追踪分析；其次，评判指标的选择及权重的设置有较大的“操纵空间”，缺乏客观性；最后，定性评价更关注项目的经济产出，而忽视 PPP 项目应该对社会产生的积极影响（姜宏青和徐晶，2018）。

（二）VFM 定量评价

定量评价可以得到较为客观的数据，对定性评价进行补充，目前世界上应用最为广泛的定量评价方法是公共部门比较值法（Public Sector Comparator，PSC）。其包含两个基本指标，对比政府在传统投资模式及 PPP 模式下的成本现值（分别以 PSC 及 PPP 表示）。

为了使 PPP 值与 PSC 值更具可比性，有以下基本假设。

（1）项目标准、生产说明等要求规范在两种模式下有同等效力。

（2）两种模式都以最有效的方式实施，且管理完善。

（3）两种模式下面临相同的市场环境，无论何种模式下，政府均会做出最有利的选择。

（4）两种模式采用相同的经营方式及付费机制，故以同一财务模型为基础，得到相同的产出及现金流量变化。

（5）选用相同的折现率，并折现到同一日期。

PPP 数值一般体现在投标书中，表现为政府对 PPP 项目的初期投入和承担部分风险。PSC 数值为在假设项目完全由政府负责的情况下，由其承担的全部成本（高会芹等，2011）。二者都采用现金流量模型进行测算，按照同一折现率，将所预测的未来现金流量折现到同一基准日期。比较以上两个基本指标，VFM 定量评价可以判断 PPP 模式是否可行且必要。其基本公式如下：

$$VFM = PSC - PPP \tag{1}$$

若 VFM＞0，证明从定量角度分析，项目采用 PPP 模式优于传统政府投资模式。反之，若 VFM＜0，意味着项目若以 PPP 模式实施，可能在成本和质量等方面存在不足，劣于传统模式。

1. PPP 的组成及计算

PPP 数值表示政府在 PPP 模式下承担的成本现值。根据《指引》，在 PPP 项目的实施过程中，政府部门需要提供股权投资、运营补贴，支付其他配套支出，并且承担不可转移的自留风险。其中，一般的支出责任体现在项目可行性报告或合同中，为影子报价或实际报价；得到自留风险需要对风险进行分析及量化。

PPP 值可以表示为：

$$PPP = NPV_{股权支付} + NPV_{运营补贴} + NPV_{其他成本} + NPV_{自留风险} \tag{2}$$

2. PSC 的组成及计算

PSC 值由三个基本项目的净现值组成：基础 PSC 值、竞争中立调整值及全部风险。在计算时要综合考虑项目建设运营中的成本变化、风险承担及时间价值。

（1）基础 PSC 值

基础 PSC 值包括建设净成本和运营维护净成本，公式表达为：

$$基础PSC = 建设净成本 + 运营维护净成本 \tag{3}$$

建设净成本主要包括项目在设计、建造、整改等方面投入的资金资产，并扣除处置资产所获得的收益。公式表达为：

$$建设净成本 = 建设投入 - 资产处置收益 \tag{4}$$

运营维护净成本则指项目运营维护的人力支出、物力支出，以及管理、销售、财务费用等成本。另外，若项目采用使用者付费模式，由于该项经营收入并非由政府支付，应在计算运营维护净成本时予以扣除。公式表达为：

$$运营维护净成本 = 经营成本 - 经营收入 \tag{5}$$

（2）竞争中立调整值

在市场竞争中，政府部门相较于私人部门在某些方面具有竞争优势，凭借其地位能够实现低成本，例如政府可以享有税收优惠、支付较低的土地费用及行政审批费用等。《指引》较为关注政府部门所能实现的成本优惠，而忽略由政府实施，可能存在人力成本较高、监督要求更高的竞争劣势（苏汝劼和胡富捷，2017）。

为了使 PSC 与 PPP 更具可比性，体现政府在传统投资模式下的真实成本，政府不应在项目实施中存在竞争优势，故须消除由政府实施所能得到的优惠，在 PSC 中加入政府竞争优势，并扣除其竞争劣势（张泽仁，2016）。在实际操作中，识别政府采购模式可能存在的财务优势与劣势，评估其影响，并预测其对全生命周期内现金流的影响。公式表达为：

$$竞争中立调整值 = 政府竞争优势 - 政府竞争劣势 \tag{6}$$

（3）全部风险

PPP 模式对比传统政府投资模式，通过引入私人部门，可以将一部分风险由政府部门转移给私人部门，这些被转移的风险为净转移风险，在市场经营中更适合由私人部门管理并承担，包括运营、维护等风险。不能转移的部分为自留风险，是指由政府部门承担更有效率的风险，如财政风险、法律风险等。在两种模式下，自留风险都由政府承担，根据《指引》，PSC 值与 PPP 值中自留风险是等同的。因此，在计算 PSC 值时，项目的全部风险包括净转移风险和自留风险。公式表达为：

$$项目全部风险 = 净转移风险 + 自留风险 \tag{7}$$

综上所述，可以得到 PSC 值的基本公式：

$$PSC = NPV_{基础PSC} + NPV_{竞争中立调整值} + NPV_{全部风险} \tag{8}$$

三、VFM 定量评价模型构建

（一）VFM 定量计算的关键因素分析

综合分析 PSC 值与 PPP 值的组成，二者都运用现金流模型进行测算，涉及对整个生命周期现金流的预测及折现。对于生命周期较长的 PPP 项目，未来成本估计的客观性、折现率选择的准确性，以及风险的识别与分配等问题都是影响 VFM 结果的重要因素（孔庆新等，2019）。因此，在专业人士能较为准确地预测未来现金流的前提下，折现率及风险问题将是重要的影响因素。除此以外，通货膨胀率的变化，会在数十年的时间里影响现金流与净现值，是不容忽视的另外一个因素。

1. 折现率的选择

世界各国在 VFM 定量评价中广泛应用以下几类方法确定折现率：运用资本资产定价模型确定折现率、以资本加权平均成本（WACC）作为折现率、无风险利率作为折现率以及以政府长期债券收益率为基准计算的折现率（财政部政府和社会资本合作中心编著，2014）。

（1）运用资本资产定价模型确定折现率

该方法广泛应用于证券市场定价中，在无风险利率的基础上，考虑系统风险带来的溢价。

其公式表示为：

$$R = R_f + \beta(R_m - R_f) \tag{9}$$

其中 R_f 为无风险利率，β 代表项目收入对市场的反应程度，R_m 代表市场的预期收益率。

（2）以资本加权平均成本（WACC）作为折现率

项目公司通过发行股本和举借债务获得所需资金，资本加权平均成本（WACC）反映使用资金的综合成本。一般只有当项目内部收益率大于等于 WACC 时，公司才能获利。一般情况下，股本和债务资本均存在一定的风险，因此该方法计算的折现率也在无风险利率的基础上增加了风险溢价。

其公式表示为：

$$\mathrm{WACC} = \frac{E}{E+D} \times R_e + \frac{D}{E+D} \times R_d \tag{10}$$

其中 E、D 分别代表股本和债务资金，R_e、R_d 分别代表两种资金的成本。

（3）无风险利率作为折现率

无风险利率作为折现率主要应用在以下场景：理想情况下，项目实施过程不存在任何风险或者风险可以忽略不计；以及虽存在市场风险，但可以将风险单独量化，使得项目现金流可被视为无风险的情况。

（4）以政府长期债券收益率为基准计算的折现率

从各国经验来看，由于无风险利率应用的前提条件较为苛刻，直接以无风险利率作为折现率的情况较少。许多国家视政府长期债券利率为无风险利率，并将在此基础上增加风险溢价的利率作为折现率。

总结以上四种方法，可以按是否考虑风险溢价将其分为两类。

目前我国在 PPP 项目风险识别和量化方面还较为落后，缺乏充足的数据积累及客观的风险量化方法，在实践中较难将风险单独剥离进行量化，不适合选择无风险利率。此外，在传统政府采购模式下，政府支出主要发生在建设期，项目前期的现金流构成了 PSC 数值的主要部分。而在 PPP 模式下，政府支出分散在整个项目周期内，中期及后期的现金流在整个周期内占比高。故折现率对 PPP 值的影响要大于对 PSC 值的影响，若采用较高的折现率，则会得到更大的 VFM 值，从而影响物有所值评价的准确性（刘广生和文童，2013）。

因此，出于保守考虑，并借鉴各国经验，本文将视政府长期债券利率为无风险利率，考虑一定的风险溢价，对各期预测现金流进行合理折现。

2. 通货膨胀影响分析

PPP 项目生命周期长，进行 VFM 评价时需要对横跨数十年的数据进行预测，在预测过程中，未来通货膨胀的变化将是影响数据准确性的重要因素。在实践中，若社会通货膨胀有变，运营者将针对变动趋势提出相应的改变措施。因此，在进行预测时，收入和成本的基本预测值都需要考虑通货膨胀率进行进一步调整。另外，折现率也受通货膨胀的影响，但是由于我们在选用折现率时已涉及大量的估计，如果再考虑通胀影响，反而会影响准确性。因此，本文将简化处理通货膨胀对折现率的影响，重点考虑成本收益等预测值在通货膨胀影响下的变化。

3. 风险的量化

净转移风险和自留风险都利用现金流模型进行量化，因此，许多无法量化的风险因素没有包含在该指标中，而对于因无法量化而被剔除的风险仍应被准确记录。在 PSC 模型中，全部风险应包括由政府承担的可量化及不可量化的全部风险。

风险分析一般包括对风险的识别、估计及评价三个阶段。

风险识别是风险分析的开端，对后续工作至关重要，只有辨识出全部风险因素，才能为项目运行提供系统指引。具体项目的实施涉及复杂的参与主体，受众多因素影响。风险识别需要综合考虑项目实施的各个阶段，结合各方参与者的利益，确定全部的重要风险因素，并建立风险初步清单。

风险估计主要针对识别得到的风险，分别从定性及定量的角度进行分析，测算风险发生的可能性，并预估对应的影响。

风险评价在前两个步骤之后，按重要程度对各个风险因素进行排序，重点分析影响重大的关键因素，以此判断实施风险的整体水平。

根据《指引》，风险可以利用比例法、情景分析法以及概率法等方法进行量化。比例法应用在不能精准估计风险发生概率及结果时，此时风险量化值等于建设运营成本乘以一定比例。情景分析法应用在风险结果容易测量，但发生可能性难以确定时，模拟“不利”“基本”“最坏”等可能状况。概率法在风险发生概率及结果均可得到的情况下应用，以概率论的方法科学客观地测算。实践中，鉴于国内没有建立起完善的风险数据库，概率法的应用较少，比例法或情景分析法的应用更为广泛。

（二）蒙特卡洛方法在 VFM 评价中的应用

在实践中，在项目实施前进行经济评价，所使用的成本、收益、生命周期等数据均是对未来情况的预测与估计。对不确定因素的估计在多大程度上与现实相符，可能对投资决策产生影响。为了使项目投资决策更为客观可靠，要在已确定的基本经济指标的基础上，对风险和不确定性进行分析（蒲明书等，2016）。

一般方法是对风险和不确定因素进行赋值，得到在某一特定背景下的评价结果，经过多次赋值分析不同条件下的表现。利用计算机可以对各因素进行上千次的模拟，对比一般方法可以得到更全面的评价结果。

1. 蒙特卡洛方法概述

蒙特卡洛方法运用计算机技术，模拟项目在实践中可能出现的各种结果，基本原理是概率统计理论，基本方法是随机抽样。对比风险评估的其他常用方法，如模糊综合评价法、灰色评价法、层次分析法等，此方法的优势主要体现在：首先，它涉及较少的主观因素，评判更具客观性；其次，凭借计算机的精准计算，通过大量重复实验，降低参数误差影响，提高评价精度（陈志诚等，2010）。

其假定存在基本函数为：

$$y = f(x_1, x_2, x_3 \ldots x_n) \tag{11}$$

其中，$x_1, x_2, x_3 \ldots x_n$ 等参数的概率分布可以确定，通过计算机模拟各参数可能发生的情况，随机抽取，按照基本函数可以得到变量 y 的可能分布（孙建平和李胜，2005）。

在实践中运用蒙特卡洛方法主要包括以下程序。

（1）确定风险变量和结果变量的相互关系，构建数学模型。

（2）确定风险变量的概率分布函数。

（3）确定模拟计算次数 N。

（4）按照概率函数随机确定各个风险变量的取值，代入数学模型得到所对应的结果变量的样本值。

（5）按照设置的计算次数重复第 4 步 N 次，产生 N 个结果变量的样本值。

（6）对以上 N 个结果变量样本值进行整理和分析，形成概率分布、期望等信息。

2. 蒙特卡洛方法在 PPP 项目中的应用

根据前文分析，VFM 模型中风险的识别和量化过程涉及较多不确定性和假设。政府作为 PPP 项目的主导者，在项目生命周期内承担一系列责任，承受经济、政治等宏观风险，以及承担建设运营期内财政支付等项目风险。从财务角度看，政府对 PPP 项目风险的关注最终要落实到政府可能发生的风险支出上，对该项支出责任的评估要综合评价不同风险发生的可能性和损失大小。与政府部门不同，私人部门在 PPP 项目中更为关注自身盈利目标的实现。任何可能影响项目内部收益率的风险，不论是不可控的宏观经济因素，还是可控的项目运营风险，都可能成为其关注的重点。政府部门与私人部门以不同侧重点关注风险，在模型中表现在计算自留风险和可转移风险上，不论如何对风险进行量化，风险如何分担都是需要关注的重点。

另外，当以政府长期债券利率作为无风险利率确定折现率时，风险溢价如何选择是关键。由于通货膨胀因素会对多个数据都产生影响，其也是关乎全局的重要不确定性因素。

在实践中，VFM 评价一般在经验的基础上，对各种不确定参数做出最可能的预测，对风险分担比例、折现率以及通胀率赋予特定数值。这种赋值法可能会与实际情况有较大偏差，影响投资决策的准确性。而利用蒙特卡洛方法，综合考虑各种不确定性因素可能发生的概率，模拟实践中风险因素各种可能情况，得到 VFM 概率分布，可以使评价结果更加客观全面。

四、大连地铁 5 号线 PPP 项目 VFM 评价实例

（一）项目简介

大连地铁 5 号线的线路总长为 24.484 公里，共包括 18 座车站，于 2016 年开始建设，

并计划于 2022 年起运营。

本项目采用 PPP 模式投资、建设和运营。市轨道办获得市政府授权，代表政府主导工程的实施，并通过公开招标确定社会资本参与方。社会资本方与代表政府出资的市地铁建设公司组建项目公司。代表政府的地铁建设公司拥有项目公司 15%的股份，社会资本方拥有 85%的股份，总投资为 187.92 亿元。市轨道办与项目公司签订特许经营协议，并授予项目公司特许经营权，约定特许经营期共 25 年，按照计划，包括 5.5 年的建设期及 19.5 年的运营期。由于该工程具体采用 BOT（Build-Operate-Transfer）模式实施，在特许经营期内由项目公司负责工程的投资、建设和运营等方面的工作，到期后，由项目公司将工程转移给政府部门。

依据特许经营协议，该项目以使用者付费加可行性缺口补贴的方式向私人部门付费。即在建设运营中，项目公司通过提供约定的运输服务及附加增值服务，获得票务收入基本收入及广告服务费等增值收入。若使用者付费部分不足以确保私人部门收回投资并取得合理收益，将由政府提供相应的补贴。

PPP 模式对该项目来说，有助于缓解财政资金不足的问题，提高项目综合效率，降低政府投资风险，创造良性竞争环境，提高大连地铁工程的建设水平、建设速度和运营管理水平，提升基础设施的整体服务水平。

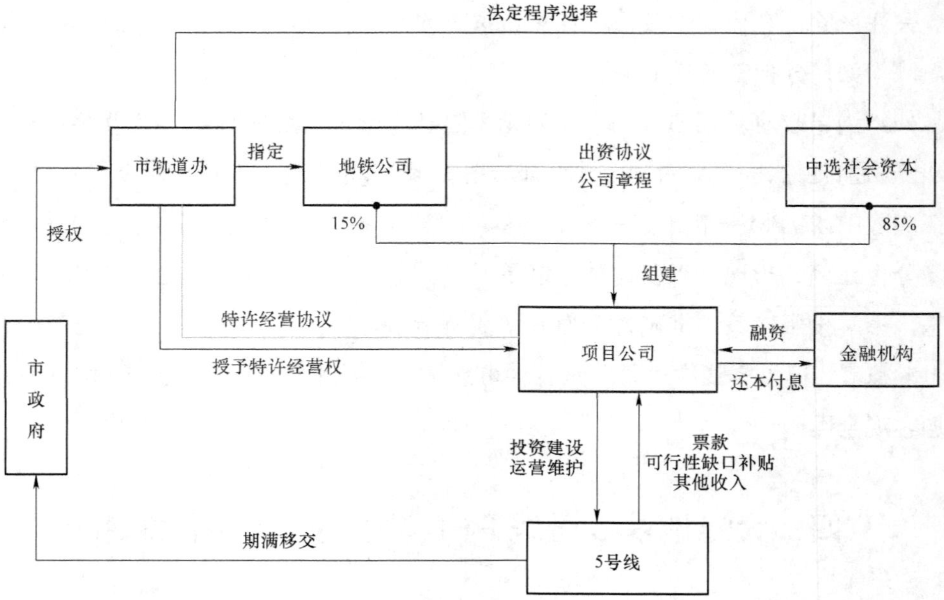

图 1　项目运作模式

资料来源：大连地铁 5 号线 PPP 项目实施方案。

本项目发起之后，在识别阶段即完成了财政承受能力论证以及物有所值评价，相关资料可以自 PPP 项目库查询。根据财政部门、行业主管部门及相关专家的综合评估，本项目通过财政承受能力论证及物有所值定性评价。财政承受能力论证中，根据测算，大连市本级一般公共预算支出额度可以满足本项目支出，支出占比小于规定的 10%，本项目的财政支出处于市本级财政可承受能力范围之内。同时，开展本项目符合大连市经济社会发展需要，符合当地人民对公共服务的需求，符合行业和领域均衡性要求。因此，本项目通过财政承受能力论证。

定性评价中，依据经验并结合重要性，确定 12 项指标及各自权重，并由市财政部门联合项目相关专家开展专家组会议，对指标逐项评分。最终定性评价的分数为 74.424 分，超过 60 分，通过 VFM 定性评价。

（二）VFM 定量评价——PPP 的计算

依据招标意见书，该工程在通过定性评价后须进一步做定量分析，得到的分析更全面，结果对实践更具指导意义。

本节及下节对 PPP 及 PSC 值的计算所使用的基本数据和信息来源于财政部政府和社会资本合作中心所公布的信息。通过查阅项目的可行性研究报告，可以得到有关部门在项目识别阶段所进行的物有所值评价信息，以及 VFM 定量评价的基本数据。

（1）测算期的确定

该工程的特许经营期为 25 年，线路自 2016 年 11 月施工建设，预计于 2022 年 5 月开始运营，因此建设期共 5.5 年，运营期 19.5 年。为了方便计算，将 2016 年至 2021 年均视为建设施工阶段，即视建设期为 6 年，运营期为 19 年。

（2）折现率的选择

根据上文讨论，本文将以政府长期债券利率作为无风险利率，在考虑一定风险溢价的基础上确定折现率。可行性研究报告所使用的折现率为 5.76%，查阅资料，项目评估阶段，中国人民银行 5 年期贷款年利率为 4.9%，在此基础上考虑一定的风险溢价，以 5.76%作为折现率较为合适，本文继续选用此数据。

（3）通货膨胀的确定

对于票务收益、经营支出等指标，其在发生的各个阶段都受通货膨胀的影响。具体影响将在下文相应部分进行详述。

1. 股权支付责任

本项目总投资 187.92 亿元，拟成立项目公司注册资本金占总投资的 40%，每年投入资金数额于可行性研究报告中记载。政府方持有项目公司股份的 15%，故其股权支付责任为 11.28 亿元（187.92 亿元×40%×15%），预计在项目周期内分六次投入公司。按照5.76%的折现率进行折现，得到政府股权支付责任的现值为 9.12 亿元。

表 2　　政府股权支付责任　　单位：万元

	2016	2017	2018	2019	2020	2021	合计
股权支出	13 000	14 800	17 500	20 600	22 100	24 755	112 755
折现值	12 292	13 232	14 794	16 466	16 703	17 690	91 177

数据来源：根据《大连市轨道交通 5 号线工程可行性研究报告》整理计算。

2. 运营补贴支出责任

本工程付费模式为使用者付费加可行性缺口补贴，通过取得使用者支付的票务费用及增值服务费用，以及政府支付的建设成本补贴和票价补贴，项目公司收回成本并实现基本收益。因此，在建设运营中，政府需要承担项目建设成本补贴和票价补偿的支出责任。

建设成本补贴为 PPP 项目招商标的，是社会资本的报价。根据可研报告，轨道交通行业对资本金内部收益率要求一般为 8%～12%。在确定内部收益率时，应在银行中长期贷款利率的基础上，结合项目未来可获得的收益情况。根据本项目的市场竞争程度，并结合大连市实际情况，选择 8%作为本项目资本金内部收益率。在不考虑运营的情况下，通过计算净现金流量，使得资本金内部收益率达到 8%，即可算得每年建设成本补贴数值为 19.37 亿元。

票价补偿等于约定人均票价与预测人均票价的差额与预测客流量之积。约定人均票价也是 PPP 项目招商标的作为社会资本的报价。可行性研究报告中，约定人均票价为 2.414 元/人次（不含税）。

《大连地铁 5 号线工程客流量调查及预测专题报告》预测该地铁线路客流在初期（2024 年）为 31 万人次/日，近期（2031 年）为 48 万人次/日，远期（2044 年）为 58 万人次/日。地铁投入初期是吸引客流的最佳时期，随着时间的推移，客流量增加的速度会下降，但客流量仍保持上升的趋势。专家基于对过去案例及经验的总结，对客流量进行预测：初期及近期增速快，以 6.58%的速度增长；远期增速慢，以 1.51%的速度增长。据此计算得到：运营期第一年 2022 年预测年客流量为 9 833 万人，直至 2031 年，客流量以 6.58%的速度增长；2032 年预测年客流量为 17 712 万人，直至 2041 年，其以 1.51%的速度增长。

此外，根据实践经验及历史数据，报告预测至 2031 年票价为 2.245 元/人次(不含税)，至 2041 年票价为 2.286 元/人次（不含税）。考虑到地铁票价调整的可能性，假设预测票价以 2%的速度增长且每五年调整一次，为了使约定票价和预测票价更具可比性，假设约定票价以同样的方式增长。

表 3 总结了主要数据的基本变化情况，通过加总建设成本补贴和票价补贴，并以 5.76%的折现率进行折现，计算得到政府运营补贴净现值为 161.78 亿元。

表 3　　政府运营补贴支出

	2022—2026	2027—2031	2032—2036	2037—2041
建设成本补贴（万元）	193 700	193 700	193 700	193 700
基础年客流量（万人次）	9 833	13 523	17 712	19 091
客流增长率（%）	6.58	6.58	1.51	1.51
调整后预测票价（元/人）	2.245	2.470	2.743	2.972
调整后约定票价（元/人）	2.414	2.655	2.897	3.138

数据来源：根据《大连市轨道交通 5 号线工程可行性研究报告》整理计算。

3. 其他成本

政府承担的其他成本，是指应由政府承担的除基础投资以外的其他投入责任。根据实施方案的约定，本项目由于征地、拆迁等前期准备工作产生的支出均计入前期费用，由项目公司支付，计入项目总投资，故政府配套支出责任为 0，其他成本为 0。

4. 自留风险

在我国，较晚才开始从风险的角度对城市轨道交通项目实施管理，在数据与经验积累方面较为缺乏。因此，预估风险发生的概率及影响结果在现阶段较难准确，适合采用比例法量化风险。根据发生的时间，风险主要分为建设期风险和运营期风险。其中，建设期风险＝年度投资额×风险比例， 运营期风险＝运营成本×风险比例。

依据经验及历史项目资料，在传统模式下，轨道交通项目的建设结算价格一般会超概算投资 10%，运营成本一般会超预算 5%。假设在 PPP 模式下，发生类似情况的可能性相同。另外，鉴于国家政策、税制调整、市场变化等难以评估及量化的风险，本文将其暂定为建设、运营成本的 2.5%。综上所述，建设期风险按照年度投资额的 12.5%计算，运营期风险按照运营成本的 7.5%计算。

在 PPP 模式下，风险可以按照各参与主体在项目公司的持股比例进行分担。由于政府在项目公司中持有 15%的股份，私人部门持有剩余 85%的股份，故在 PPP 模式下政府自留风险为全部风险的 15%。

政府自留风险可以表达为：

$$自留风险 = 15\% \times (年度投资额 \times 12.5\% + 运营成本 \times 7.5\%) \quad (12)$$

按照上述方法计算可得政府自留风险值，其中计算所用的运营成本将于下节进行详细描述。最后，对自留风险值以5.76%的折现率进行折现，计算得出3.43亿元的现值。

综上所述，由PPP公式

$$PPP = NPV_{股权支付} + NPV_{运营补贴} + NPV_{其他成本} + NPV_{自留风险} \quad (13)$$

通过上述分析，可以得到PPP值为174.33亿元。

（三）VFM定量评价——PSC的计算

1. 基础PSC

（1）建设净成本

建设净成本等于政府在工程规划、建设、整改等方面的投入，扣除经营或处置资产所得的收益。建设投入包括建设成本、流动资金、增加车辆、建设期利息等，根据可研报告预测，项目初期总投资将形成187.92亿元的资产，后续追加18.88亿元，并且本项目不存在需要扣减的资产转让或处置收益。因此，在传统政府投资模式下，建设净成本为206.80亿元。按照5.76%的折现率进行折现，得到建设净成本现值为159.86亿元。

表4 建设净成本 单位：万元

	2016	2017	2018	2019	2020
建设投资	217 315	247 014	292 841	343 625	369 705
折现值	205 479	220 840	247 553	274 662	279 414
	2021	2022	2029	2031	合计
建设投资	402 778	5 940	36 882	151 852	2 067 952
折现值	287 831	4 014	16 839	61 984	1 598 616

数据来源：根据《大连市轨道交通5号线工程可行性研究报告》整理计算。

（2）运营维护净成本

根据可行性研究报告，可得到包括动力费、修理费、运营费、人员工资及福利、管理费等成本的各年预测值，从而可以初步得到经营成本预测值。同时，依据前文讨论，考虑到实际情况中存在通货膨胀的影响，在预测阶段首先进行简化处理，假设通胀率在初期为3%，且每五年上涨1%，得到调整后的经营成本预测值。

表 5　　经营成本

	2022—2027	2028—2033	2034—2041
通胀率（%）	3	4	5
调整后的经营成本区间（万元）	[30 622，38 882]	[41 077，52 061]	[54 472，72 831]

数据来源：根据《大连地铁 5 号线 PPP 项目物有所值评价》整理计算。

依据前文所描述的运营维护净成本的定义，该指标等于经营成本与经营收入之差。

假设传统政府投资模式与 PPP 模式获得相同的回报、采取相同的付费机制，即在传统模式下同样采用使用者付费加政府补贴模式。因此，政府仍承担在 PPP 模式下提供补贴支出的责任，列入经营成本。而使用者付费部分，并非由政府承担，应作为经营收入予以扣除。

另外，经营收入中除了票价收入外，还包括项目运营中广告收入等非客运服务收入。假定其他收入为票价收入的 20%，该部分收入同样可以抵消政府的经营成本，也应作为营业收入予以扣除。

表 6　　经营收入

	2022—2026	2027—2031	2032—2036	2037—2041
基础年客流量（万人次）	9 833	13 523	17 712	19 091
客流增长率（%）	6.58	6.58	1.51	1.51
调整后预测票价（元/人）	2.245	2.470	2.743	2.972
全部经营收入区间（万元）	[26 490，34 181]	[40 073，51 708]	[58 306，61 909]	[68 080，72 286]

数据来源：根据《大连地铁 5 号线 PPP 项目物有所值评价》整理计算。

综合上述两个表格，运营维护净成本 = 经营成本 − 经营收入，在此基础上，以 5.76% 的折现率进行折现，得到运营维护净成本现值 −0.72 亿元。

由公式：

$$\text{基础 PSC} = \text{建设净成本} + \text{运营维护净成本} \tag{14}$$

得出基础 PSC 的现值约为 159.14 亿元。

2. 竞争中立调整值

依据可行性研究报告，在 PPP 模式下由政府负责取得土地等方面的工作，故在两种模式下土地节约费用相同。对于政府在传统模式下可能存在人力成本较高、监督要求更强等竞争劣势，鉴于其对项目的影响微乎其微，在此予以忽略。因此，本项目竞争中立调整值主要表现为政府在税收方面的竞争优势。

在传统政府投资模式下，政府不存在所得税、增值税等税收项目的支出。根据国家政策规定，本项目所得税按25%计列，并享受三免三减半的优惠政策。增值税暂时以票价收入的11%计提，并与购买固定资产等支出形成的进项税相抵扣。城市维护建设税、教育税附加、地方教育税附加分别按照增值税的7%、3%、2%计列。

可行性研究报告中对利润表、现金流量表进行了详细预测，包括每年的增值税及附加项目、所得税项目等。根据预测表中的数据，计算得到在传统模式下政府在税收方面的竞争优势，并以5.76%的折现率进行折现，得到竞争中立调整值的现值约为6.52亿元。

3. 项目全部风险

传统政府投资模式下，项目风险全部由政府承担，在建设期和运营期中分别测算。在建设期内，政府自留风险和净转移风险均按建设成本的12.5%计算，运营期内均按7.5%计算。因此，计算PSC时，项目全部风险以5.76%的折现率进行折现，得到22.86亿元的现值。

综上所述，由PSC公式：

$$PSC = NPV_{基础PSC} + NPV_{竞争中立调整值} + NPV_{全部风险} \tag{15}$$

通过上述分析，可得到PSC值为188.52亿元。

（四）VFM定量评价结果

本节得到PPP值174.33亿元，PSC值188.52亿元，由公式：VFM＝PSC－PPP，计算得到VFM的值为14.19亿元，VFM＞0，PPP值低于PSC值。按照要求，该地铁线路通过物有所值评价，以PPP模式实施可行。但是，由于分析过程中涉及对众多因素的假设，该结果只能表明在上述特定假设前提下，本项目适合以PPP模式实施。

但是，在对各个不定性因素进行假设时，都结合了专家的专业知识，并考虑了实践经验，做出了最有可能的假设。因此，尽管结果具有特殊性，其仍具有代表性。

实践中，本案例在识别阶段通过了VFM的定性及定量评价，目前已处于执行阶段。由于其未进入运营阶段，项目是否会实现“物有所值”尚无定论，但根据网上现有的资料，本项目实施过程顺利且尚不存在风险点。因此，这也侧面说明前文所进行的VFM定量评价对实践具有一定的指导意义。

（五）蒙特卡洛方法得到VFM的概率分布

1. 具体假设及操作

为了使VFM定量评价的结果更客观、更体现真实情况，针对前文数值单一、主观性强等问题，本节将在已有VFM定量评价模型的基础上，对受主观判断影响较大的、未来可变性大的参数，确定其概率分布函数，利用蒙特卡洛方法，进行数千次模拟，最终得到 VFM 数值的概率分布。

总结前文，在最佳预测值的基础上，对可量化的重要不确定参数，假定其服从以下概率分布。

（1）折现率。折现率是在政府长期债券利率的基础上考虑风险溢价确定的，其本身便是对实际问题的简化。因此，为了避免增加不确定性，假设折现率服从以 5.76%为期望、0.5%为标准差的正态分布。

（2）通货膨胀率。根据前文，通货膨胀率对本工程的影响主要涉及每年的经营成本。在 3.3.1 中，假设运营第一年（2022 年）通胀率为 3%，之后每 5 年通胀率增加 1%。在短期内，通货膨胀率的预测较为可靠，而本项目涵盖 19 年经营期，长期预测可能与现实有较大偏差。因此，假设其概率分布有较大的标准差。假设初期、近期、远期通胀率分别服从期望为 3%、4%、5%，且标准差均为 1%的正态分布。

（3）客流增长率、票价增长率。客流增长率及票价增长率是影响经营收入的两大参数。这两项参数均由专家做出，可靠性强，且本文不涉及对公共交通的讨论，因此对二者的预测将主要参考现有数据。假设客流增长率在近期服从以 6.58%为期望、0.66%为标准差的正态分布，在远期服从以 1.51%为期望、0.15%为标准差的正态分布；票价增长率服从以 2%为期望、0.2%为标准差的正态分布。

（4）风险分担比例。在量化建设期和运营期风险时，分别以建设投资的 12.5%、运营成本的 7.5%确定全部风险。然而，由于缺少数据资料，该比例的确定涉及较多的假设；如建设期和运营期的超算风险，以及不可估量风险比例均由经验得到。因此，在模拟时以较宽的分布区间替代该参数。假设建设期风险比例在 10%～15%的区间内均匀分布，运营期风险比例在 5%～10%的区间均匀分布。

2. 结果分析

鉴于模拟次数越多结果越精确，对风险因素进行假设完毕后，设定模拟次数为 5 000 次，借助 Crystal Ball 软件对其进行蒙特卡洛模拟，得到 VFM 数值的概率分布如图 2。

在设定进行 5 000 次模拟的前提下，系统一共模拟 4 973 次，其余 27 次因模拟偏差过大而自动舍弃。

模拟结果显示，VFM＜0 的概率为 3.85%，意味着 PPP 模式下失败的可能性极小；VFM＞0 的概率为 96.15%，平均值为 13.87 亿元，中值 14.18 亿元，该数据与上节得到的 VFM＝14.19 亿元的具体数值接近。整体来看，VFM 概率分布类似正态分布，数据集中在中值左右的范围，过大或过小的可能性低。综合以上分析，说明本项目在 PPP 模式下实施面临较小的财务失败的可能性，适合采用 PPP 模式实施。

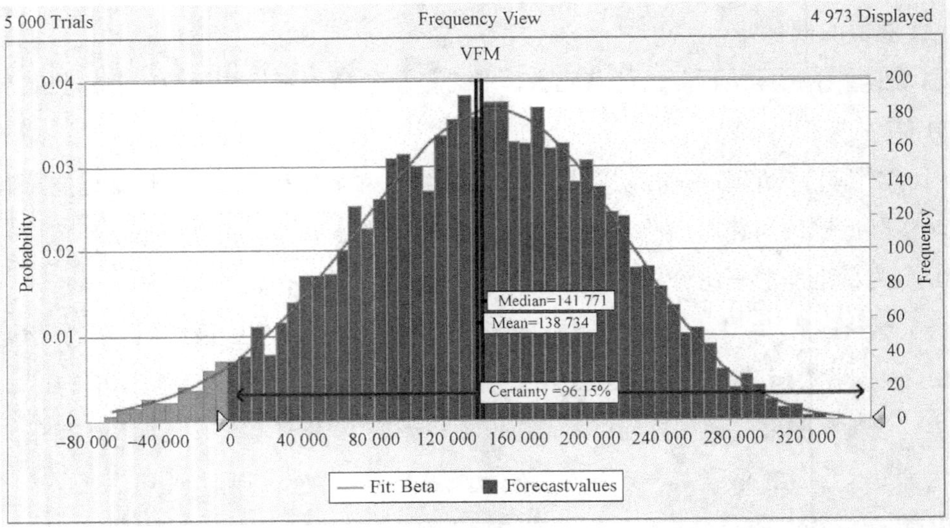

图 2　VFM 概率分布

资料来源：Crystal Ball。

表 7　　敏感性分析结果

风险因素	VFM 对风险因素的敏感程度	秩相关系数
折现率	85.3%	0.91
建设期风险分担比例	7.1%	0.26
近期客流增长率	4.9%	-0.22
近期通胀率	1.2%	0.11
初期通胀率	0.7%	0.08
运营期风险分担比例	0.4%	0.06
远期客流增长率	0.1%	-0.04
票价增长率	0.1%	-0.03
远期通胀率	0.1%	0.03

资料来源：Crystal Ball。

利用敏感性分析，判断各参数对 VFM 结果的影响大小及正反向作用。

（1）各因素对 VFM 结果的影响程度

根据上述表格，VFM 结果对折现率最为敏感。这正如我们前文所述，由于项目的生命周期长，折现率微小变化都会对折现值产生巨大影响，故折现率是对项目影响最大的因素。

排名第二的影响因素是建设期风险分担比例，这可能是因为该参数不确定性高，取值范围较大，从而对结果产生更大的波动性影响。

除此以外，其他不确定因素对 VFM 结果的影响均较小，且多次模拟排列顺序并不一定。导致这个结果的原因之一是受这些因素影响的数据均较小；另外一个原因则是由于本项目的生命周期长，折现过程将抵消偏差对结果的影响。

（2）各因素对 VFM 结果的正反向影响

表格中秩相关系数的绝对值同样反映的是 VFM 对各因素的敏感程度，而其符号反映的是各因素对 VFM 的正反向影响。

折现率对 VFM 结果有正向影响。这验证了前文的分析：由于 PPP 模式下投资分散于整个生命周期内，而传统模式下投资一般发生在项目初期，折现率对 PPP 值的影响要大于对 PSC 值的影响。故折现率越大，PPP 值越小，从而 VFM 值越大。

建设期和运营期风险分担比例与 VFM 结果正相关。这两个参数越大，意味着在 PPP 模式下可转移风险越多，政府承担风险越少，PPP 模式越有效。

客流增长率、票价增长率与 VFM 成负相关。两种模式假设采用相同的付费机制，获得相同的产出。当客流和票价增长越快时，使用者付费越多，政府补贴越少，意味着两种模式下政府承担成本量都降低，PPP 模式的优势下降，VFM 值更小。

通胀率的变化对 VFM 值有正向影响。在分析中，通胀率主要影响 PSC 值中的运营维护净成本，而 PPP 值更多数据来自影子报价，通货膨胀较少地影响 PPP 值，主要影响 PPP 值的运营风险分担数据。因此，通货膨胀率上升使 PSC 值的增加大于 PPP 值的增加，使 VFM 值更大。

综上所述，在进行 PPP 项目的 VFM 评价时，可以借助蒙特卡洛方法综合模拟多个不确定参数；同时，利用敏感性分析，着重关注对结果影响程度大的参数，谨慎确定此类参数的概率分布。通过该种方法，以使 VFM 定量评价更加全面客观。

五、结论与建议

PPP 模式是对传统政府投资模式的改进，既可减轻政府财政压力，又能为私人部门提供可靠的项目参与机会，近些年在各国得到迅猛发展。但是，鉴于 PPP 项目投入高、周期长及参与主体多等特征，一旦失败将会导致巨额损失。因此，在识别阶段进行物有所值（VFM）评价成为开展 PPP 项目的关键步骤。实践中，各国普遍应用定性与定量相结合的 VFM 评价方法，结合专家意见及运营预测判断项目是否有必要采用 PPP 模式。我国现阶段更多进行 VFM 定性评价，较为欠缺在定量方面的分析。

通过查阅项目库中披露的实际案例，目前国内多在基础设施项目中应用 PPP 模式，且仅有较少的项目进行了 VFM 定量评价。为了更好地发挥 PPP 模式的优势，在未来发展中，我国应更多借鉴其他国家在定量评价方面的经验，完善定量评价的应用。

本文试图提出 VFM 定量评价的创新方法。为此，选取大连地铁 5 号线 PPP 项目作为实际案例进行研究。该项目在项目识别阶段已由专家进行 VFM 评价，本文借鉴专业人士所做的基本假设数据，考虑不确定性波动因素，利用蒙特卡洛方法模拟各个风险因素，得到 VFM 数值各种可能的结果，验证项目采用 PPP 模式是否恰当。

本文所采用的方法与项目可行性报告中所采用的方法最大的不同在于：项目报告进行 VFM 定量评价时，赋予各因素最可能的值，得到特定条件下的 VFM 值；而本文则认为各风险因素应随机抽取，利用计算机分别分析各种可能，得到更全面科学的 VFM 量化值。

VFM 定量评价是一个复杂的研究问题，目前学术界仍在对其进行更深入的研究，本文所提方法也存在一些缺陷，具体如下。

（1）本文所讨论的地铁 PPP 项目，在收入和成本的计算方面相对简单，可以用票款收入替代营业收入，用购买记录替代固定资产等投入。若评价对象是其他类型的 PPP 项目，在收入和成本的确定上可能要花费更多精力，相应的偏差也可能更大。

（2）案例分析中涉及较多的假设与预测，虽然可行性研究报告中的数据是由专家在过去经验的基础上结合实际所做的判断，仍无法避免未来实际数值与估计数值偏差较大的可能性。

（3）在定量评价过程中，项目的收益、成本、风险分担量化值等都要以现金流的形式折现，而 PPP 项目生命周期长达几十年，折现率将随时间发生改变，折现率的任何微小变化都会产生巨大影响。敏感性分析也验证了 VFM 数值最主要受折现率影响。本文以政府长期债券利率加风险溢价的利率作为折现率，这在很大程度上对实际问题进行了简化。另外，折现率应该随时间变化，而鉴于数据的匮乏和预测能力的有限，本文没有在项目各实施阶段采取不同的折现率。

VFM 评价发生在 PPP 项目实施前，严格控制不确定性因素，对 PPP 模式发展有着重要意义。未来实践中，应进一步完善发展定量评价以应对上述存在的问题，使 PPP 模式更好地发挥作用。实践中，应注意理论与实际相结合，考虑项目在不同阶段面临的宏观与微观因素，对项目各假设进行调整和修改。

具体操作中，在确定假设因素时，重点关注对 VFM 结果产生重要影响的不确定性因素，对其进行更为严谨且客观的考虑，并对所有假设因素进行综合的分析，从而得到更客观全面的 VFM 概率结果，为项目的具体实施提供指引。

除此之外，要注意将 VFM 定性评价与定量评价相结合。定性评价可以综合分析项目实施的经济效益和社会效益，这是定量评价所欠缺的。只有同时应用两种评价，才能在最大程度上避免对 PPP 模式的盲目推崇，避免资源的错配，进而发挥 PPP 模式的真正优势。

参考文献

[1] 财政部政府和社会资本合作中心. PPP 物有所值研究 [M]. 北京：中国商务出版社，2014：40-44.

[2] 陈龙. PPP 项目绩效评价研究综述 [J]. 财政科学，2017（4）：90-96.

[3] 陈志诚，齐欢，狄鹏. 基于蒙特卡洛仿真的风险评估系统设计与实现 [J]. 项目管理技术，2010（7）：64-67.

[4] 崔彩云，刘勇，王建平. 基础设施 PPP 项目物有所值（VFM）评价研究综述 [J]. 土木工程与管理学报，2016（4）：57-62.

[5] 邓妍沁. 平衡计分卡视角下 PPP 项目绩效评价体系的构建 [J]. 中国商论，2019（9）：130-132.

[6] 刁昳，李凤. PSC 评价法在我国保障房 PPP 项目中的应用研究 [J]. 建筑经济，2015（7）：87-90.

[7] 董纪昌. 物有所值定量评价方法及改进方向 [J]. 中国政府采购，2016（7）：36-37.

[8] 杜静，吴洪樾. 城市轨道交通 PPP 项目 VFM 定性评价分析——以济青铁路为例 [J]. 工程管理学报，2016（3）：66-71.

[9] 高会芹，傅鸿源，刘运国，亓霞. 基于 PPP 模式国际实践的 VFM 评价方法研究——以英国、德国、新加坡为例 [J]. 项目管理技术，2011（3）：18-21.

[10] 胡蛇庆，林琳，章薇. PPP 项目决策中运用物有所值评价方法的国际经验及启示 [J]. 金融纵横，2017（8）：83-88.

[11] 江国华，贺馨宇. 规则与方法：PPP 项目风险及其三阶规制论 [J]. 江苏行政学院学报，2019（2）：128-136.

[12] 姜宏青，徐晶. PPP 项目物有所值定性评价国际经验及启示 [J]. 地方财政研究，2018（6）：105-112.

［13］ 孔庆新，权慧丽，张晓荣. PPP 项目 VFM 评价模型分析——以轨道交通项目为例［J］. 中国房地产业，2019（22）：60－65.

［14］ 梁玲霞，韩芳，张婧，周芳欣. PPP 项目物有所值评价的国内外比较［J］. 土木工程与管理学报，2018（4）：182－188.

［15］ 梁晴雪，胡昊. 基础设施 PPP 项目物有所值评价应用挑战及对策［J］. 当代经济管理，2018（6）：54－59.

［16］ 刘广生，文童. PPP 项目资金价值 PSC 评价法的改进探讨［J］. 工业技术经济，2013（10）：17－22.

［17］ 刘慧慧，李飞飞，孙剑. 城市地下综合管廊应用 PPP 模式的 VFM 评价［J］. 土木工程与管理学报，2016（4）：122－126.

［18］ 刘薇. PPP 模式理论阐释及其现实例证［J］. 改革，2015（1）：78－89.

［19］ 潘华，周小凤. 基于蒙特卡罗模拟的 PPP 项目风险评估——以水污染生态补偿项目为例［J］会计之友，2018（10）：74－80.

［20］ 蒲明书，罗学富，周勤著. PPP 项目财务评价实战指南［M］. 北京：中信出版社，2018.

［21］ 苏汝劼，胡富捷. 基础设施 PPP 项目定量 VFM 评价方法研究——以北京地铁四号线为例［J］. 宏观经济研究，2017（5）：74－79.

［22］ 孙建平、李胜，蒙特卡洛模拟在城市基础设施项目风险评估中的应用［J］. 上海经济研究，2005（2）：90－96.

［23］ 王超，王守清，赵新博. 基于 CSF 和 KPI 的 PPP 项目绩效评价指标研究［J］. 项目管理技术，2014（8）：18－24.

［24］ 王千惠. 刍议物有所值理论在 PPP 项目决策中的适用——缘起于 PPP 热潮下价值分析的缺位及《操作指南》的应用［J］. 知识经济，2015（14）：32－35.

［25］ 王守清，刘婷. PPP 项目监管：国内外经验和政策建议［J］. 地方财政研究，2014（9）：7－12.

［26］ 王盈盈，冯珂，尹晋，王守清. 物有所值评价模型的构建及应用——以城市轨道交通 PPP 项目为例［J］. 项目管理技术，2015（8）：21－27.

［27］ 袁竞峰，王帆，李启明，邓小鹏. 基础设施 PPP 项目的 VFM 评估方法研究及应用［J］. 现代管理科学，2012（1）：27－30.

［28］ 张紫薇. PPP 项目 VFM 评价流程与其动态监管方式［J］. 管理评论，2018（10）：270－278.

［29］ Bagui S. K，Ghosh A. Traffic and Revenue Forecast at Risk for a BOT Road Project［J］. KSCE Journal of Civil Engineering，2012（16）：905－912.

［30］ Cheung E，Chan A. P，Kajewski S. Enhancing Value for Money in Public Private Partnership

Projects [J]. Journal of Financial Management of Property and Construction, 2009 (14).

[31] Cruz C. O, Marques R. C. Infrastructure Public－Private Partnerships: Decision Management and Development [M]. Springer, 2013.

[32] Garvin M, Molenaar K. R, Navarro D, Proctor G. Key Performance Indicators in Public－Private Partnerships: A State－of－the－Practice Report [M]. United States. Federal Highway Administration. Office of International Programs, 2011.

[33] Grimsey D, Lewis M. K. Are Public Private Partnerships Value for Money? [J]. Accounting forum, 2005 (29): 345－378.

[34] Hang D. T. T. Evaluating the Decision－Making on a Public－Private Partnership to Finance a Road Project in Vietnam [J]. Journal of International Studies, 2016 (9): 124－137.

[35] Hoesli M, Jani E, Bender A. Monte Carlo Simulations for Real Estate Valuation [J]. Journal of Property Investment & Finance, 2006 (24): 102－122.

[36] Hu Z, Chen S, Zhang X. Value for Money and Its Influential Factors: An Empirical Study of PPP Projects in Japan [J]. Built Environment Project and Asset Management, 2014 (4).

[37] Ismail K, Takim R, Nawawi A. H. A Public Sector Comparator (PSC) for Value for Money (VFM) Assessment Tools [J]. Asian Social Science, 2012 (8).

[38] Kumar L, Jindal A, Velaga N. R. Financial Risk Assessment and Modelling of PPP Based Indian Highway Infrastructure Projects [J]. Transport Policy, 2018 (62): 2－11.

[39] Kweun J. Y, Wheeler P. K, Gifford J. L. Evaluating Highway Public－Private Partnerships: Evidence from U. S. Value for Money Studies [J]. Transport Policy, 2018 (62): 12－20.

[40] Liang Q, Hu H. Uncertainty Analysis of Value for Money Assessment for Public－Private Partnership Projects [J]. Journal of Shanghai Jiaotong University (Science), 2017 (22): 672－681.

[41] Medda F. A Game Theory Approach for the Allocation of Risks in Transport Public Private Partnerships [J]. International Journal of Project Management, 2007 (25): 213－218.

[42] Sarmento J. M. Do Public－Private Partnerships Create Value for Money for the Public Sector? The Portuguese Experience [J]. OECD Journal on Budgeting, 2010 (10): 1－27.

[43] Takim R, Ismail K, Nawawi A. H, Jaafar A. The Malaysian Private Finance Initiative and Value for Money [J]. Asian Social Science, 2009 (5): 103－111.

[44] Tsamboulas D, Verma A, Moraiti P. Transport Infrastructure Provision and Operations: Why Should Governments Choose Private–Public Partnership? [J]. Research in Transportation Economics, 2013 (38): 122－127.

社会信任、法治环境与中国对外承包工程

◎ 钟腾　曾剑宇　何凡　李宗龙*

一、研究背景

社会信任是经济交流的基础，微观层面上，已有研究表明社会信任不仅能够提高民众股市参与程度（李涛，2006；Guiso et al.，2008），而且能够增强股票市场中投资者对公司盈利报告的反应（Pevzner et al.，2015）；宏观层面上，社会信任能够促进金融发展（Guiso et al.，2004，2008）、经济增长以及提高社会生产效率（Algan and Cahuc，2010；Horváth，2013；Knack and Keefer，1997；La Porta et al.，1997；Zak and Knack，2010）。而在国际经济贸易领域，Guiso et al.（2009）发现，在欧洲地区，不同国家的社会信任水平存在显著的差异，且这些差异对各国间的贸易往来和对外直接投资产生了重要的影响。由于中国对外直接投资管理经验的不足以及国外严格的政策壁垒，对外承包工程是中国"走出去"战略的主要形式（王文治和扈涛，2014），是中国与世界各国经济交流合作的重要组成部分。近十年来，中国对外承包工程已获得了巨大的增长（见图1），其投资范围也扩大至全球180多个国家和地区（曾剑宇等，2017）。2013年，国家主席习近平在出访中亚和东南亚期间，提出共建"一带一路"倡议，之后中国又分别建立了"丝路基金"和发展成立"亚投行"，这些举措无疑将对中国对外承包工程的发展产生巨大的推动作用。但社会信任是否会对中国对外承包工程产生影响，至今尚未有人研究。

研究社会信任对中国对外承包工程的影响具有较为重要的理论和现实意义。对外承

* 钟腾，对外经济贸易大学金融学院、"一带一路"PPP 发展研究中心，E-mail：zhongteng@uibe.edu.cn；曾剑宇，工银瑞信基金管理有限公司，E-mail：jyzeng@ruc.edu.cn；何凡，江西财经大学财税与公共管理学院，E-mail：hefan0318@163.com；李宗龙，中国证监会研究中心，E-mail：zonglongli@ruc.edu.cn。

包工程是服务贸易、货物贸易与技术贸易的综合载体，是承包商按照合同规定承揽东道国工程项目的活动，也是中国发展对外经济合作、实施“走出去”战略的重要方式。当前学术界对中国经济“走出去”战略的研究主要集中于制造业对外直接投资（FDI），较少关注中国对外承包工程。对外承包工程主要和国际收支平衡表中的“建筑服务项目”相对应，与对外直接投资在活动形式和经济实质上都存在显著差异[①]。与此同时，据商务部统计，2014 年中国对外承包工程业务新签合同额 1 917.6 亿美元，完成营业额则为 1 424.1 亿美元，同期中国对外直接投资 1 231.2 亿美元（邢厚媛，2015），凸显对外承包工程在中国对外经济活动中的重要地位。本文从社会信任视角出发，探讨中国对外承包工程的影响因素以及在不同经济发展水平国家中的异质性，拓展了中国对外经济交流的研究领域，而且有助于我们更深入地理解社会资本在世界经济融合中扮演的角色，同时也为当前中国推动“走出去”战略和积极落实“一带一路”倡议[②]以及其他国际经济合作战略提供了参考。

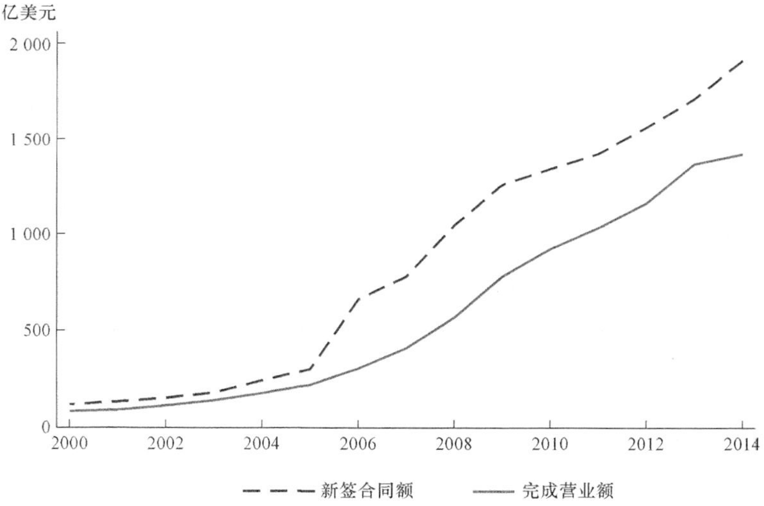

图 1　21 世纪以来中国对外承包工程发展趋势图

基于上述背景，本文从社会信任视角出发，先搭建理论模型，然后利用 2005—2014 年中国对外承包工程分国别面板数据，采用 IV－GMM 估计方法实证检验了东道国社会信任对中国对外承包工程的影响。结果表明：东道国社会信任对中国对外承包工程具有积极的影响作用，且相比于发达国家，发展中国家的社会信任对中国对外承包工程的影

① 中国对外承包工程不仅有助于带动国产设备、材料、技术和服务的出口，推动产业结构优化升级，还有利于发展同世界各国，特别是周边国家和广大发展中国家的友好关系，促进共同发展（陈健，2007）。

② 2014 年，“一带一路”沿线国家约占中国对外承包工程新签合同额的 33%，而当年中国最大的 20 个海外承包工程市场中，有 12 个是“一带一路”沿线国家（邢厚媛，2015）。

响更大；进一步，当东道国与中国签署了双边投资协定或语言相似度较高时，社会信任对中国对外承包工程的影响更加显著。在进行了一系列稳健性测试与内生性检验后，本文基本结论保持不变。最后，本文给出了不同经济发展水平的国家社会信任对中国对外承包工程影响差异性的经济学解释。新制度经济学（Williamson，2000）认为，一个国家正式的社会制度与非正式的社会规范能够相互替代，当正式的社会制度不完善时，非正式的社会规范便会成为社会治理与交流合作的约束工具。在发展中国家，法律作为一种正式的社会制度，其发展尚不完善，因此作为非正式制度的社会信任在社会治理与交流合作中扮演着更重要的角色。本文通过实证检验，证实了东道国的社会信任和法治环境在促进中国对外承包工程中具有相互替代的作用。

本文的贡献主要包括以下三个方面：首先，已有文献多侧重于研究中国对外直接投资，较少关注中国对外承包工程，本文将研究视角聚焦于中国对外承包工程，首次证实了东道国社会信任对中国对外承包工程的积极影响，拓展了对中国“走出去”战略影响的研究领域。其次，本文发现在不同经济发展水平的国家中，社会信任对中国对外承包工程的影响具有显著的异质性，相比于发达国家，发展中国家的社会信任对中国对外承包工程的影响更加显著，为中国开展对外承包工程提供了积极的策略选择。最后，针对在不同经济发展水平国家中，社会信任对中国对外承包工程影响的异质性，本文给出了一个合理的解释并得到验证。通过探究以社会信任为代表的非正式制度和以法治环境为代表的正式制度的交互作用，本文发现社会信任与法治环境作为两种不同的社会规范能够相互替代：在发展中国家中，社会信任作为一种非正式制度在约束社会行为中发挥了更为重要的作用；而在发达国家中，其现代社会建设起步较早，法治环境建设相对完善，因此，法治环境对发达国家的经济合作发挥着更为重要的作用。这一结论为中国加强国际经济合作提供了积极的政策建议。

余文结构安排如下：第二部分对现有文献进行了简要梳理，构建了一个简单模型并提出本文的研究假设；第三部分对数据来源、计量模型和变量定义进行交代；第四部分是本文的基本实证结果、稳健性检验和内生性讨论；第五部分对在不同经济发展水平国家社会信任对中国对外承包工程影响的差异进行解释，并对其他类型的国别异质性进行探讨；第六部分对全文进行总结并提出相关政策建议。

二、文献分析和理论模型

（一）文献分析

社会信任作为一种非正式的社会制度，被普遍认为是除物质资本和人力资本之外的能够促进经济增长的重要社会资本（张维迎和柯荣住，2002）。已有文献指出，社会信任的本质是信任感，是在不确定条件下对交易对象合作行为的乐观预期（崔巍，2013），核心是人们承担易损性风险的意愿（Rousseau et al.，1998；李雪灵等，2012）。La Porta et al.（1997）指出，社会信任在维系陌生人之间的合作关系方面发挥了重要作用。

较高程度的社会信任能够显著促进国家间的经济交流（Guiso et al.，2009；Wang et al.，2019）。信任在经济活动发生前后均具有重要作用。在经济活动发生之前，高水平的社会信任能够降低交往过程中的信息收集成本（Zaheer et al.，1998）。在经济活动发生以后，信任可以降低交易参与者的监督执行成本，减少在相关争议以及讨价还价等方面的资源投入（Granovetter，1985）。与此相反，较低程度的社会信任则会降低经济交流与合作的可能性，对国际贸易和投资产生负向影响（Guiso et al.，2009）。在社会信任程度较低的环境中，当存在信息不对称以及交易事项的不确定性程度较高时，人们难以将所有不可预见的事件全部写入合同，由于存在事前和事后机会主义行为的可能，交易双方可能为将来发生的各种潜在情况进行艰难和长时间的谈判和协商，而且还可能采取成本较高的结构性或契约型防御措施来保护自身的利益，进而会显著提高交易成本（Williamson，2000）。信任水平会影响合同形式与契约成本，信任水平越低，企业越倾向于使用成本较高的签约形式（刘凤委等，2009）。

社会信任在对外承包工程项目建设的过程中往往发挥着重要作用。对外承包工程主要是中国企业或者其他单位承包境外建设工程项目的活动。为保证中国对外承包工程项目的顺利进行，中国企业需要熟悉当地环境、处理当地人际关系并与其沟通洽谈工程建设事宜，如果东道国的社会信任程度较低，会显著提高双方合作的成本，提升摩擦发生的概率，从而对中国对外承包工程项目建设产生阻碍。对于对外承包工程的东道国而言，社会信任水平的提高会显著降低交易成本，进而能够促进对外承包工程的发展。基于以上分析，本文提出第一个研究假设：

H1：东道国社会信任水平对中国对外承包工程具有促进作用。

社会信任对双边经济交流合作的影响在不同经济发展水平的国家可能具有异质性。对双边经济合作与投资而言，一个合作项目的成功开展不仅依赖项目的执行效率，同时也有赖于双边的相互信任度。值得注意的是，通过世界价值观调查（World Value Survey）能够发现，相对于发达国家而言，发展中国家的法治环境虽然较差，但其拥有更高水平的社会信任度，因此，对发展中国家而言，社会信任在促进其与其他国家经济合作方面可能发挥更为重要的作用。一项针对中国私营企业的商业信用研究发现，如果企业位于信任水平较高的地区，则更加容易在贸易往来中获得供应商的商业信贷，同时其应付账款及应收账款的周转率均相对较快，更为重要的是，在产权保护较差的地区，信任对企业获取贸易信贷的促进作用更加显著（Wu et al.，2014），换言之，社会信任作为一种非正式制度能够与法律这一正式制度相互替代。依此类推，发展中国家的法治环境尚不完善，社会信任在促进东道国在国际经济合作中可能会发挥更大的作用，由此提出第二个研究假设：

H2：相对于发达国家而言，在发展中国家，东道国的社会信任对中国对外承包工程的促进作用更为明显。

为揭示社会信任对中国对外承包工程在不同经济发展水平国家中影响异质性背后的机理，我们引入一个关于正式社会制度与非正式社会制度对经济交易影响关系的讨论。Coffee（2001）认为，当正式的法律制度难以有效地保护双方交易时，诸如信任之类的社会规范便能够替代法律制度从而在保护双方交易方面发挥重要的作用。但是，如果法律能够有效发挥保护经济交易的功能，那么在经济合作中，交易双方便不需要太高的信任度来保证交易达成和合约执行。理论研究方面，Carlin et al.（2009）建立了一个两期理论模型用以解释在金融投资领域存在的信任与法律两种均衡关系：当社会资本尤为重要时，法治环境与社会信任呈替代关系（均衡 I）；而当社会资本不重要时，法治环境与社会信任呈互补关系（均衡 II）。由于在以往的研究中，社会资本已被证实在促进经济绩效和金融发展中发挥重要作用（Knack and Keefer，1997；Guiso et al.，2004），因此，我们认为均衡 I 更接近现实情况，即社会信任与法治环境呈替代关系[①]。基于此，提出第三个研究假设：

H3：社会信任与法治环境在促进中国对外承包工程方面呈替代关系，即东道国法治环境越完善，社会信任对中国对外承包工程的促进效应越小。

制度规则能够通过约束个体行为，降低信息收集、契约监督及实施的成本，从而为经济发展提供稳定的外在环境（North，1990）。Habib and Zurawicki（2002）研究发现，双边制度的绝对差异会对国际直接投资（FDI）产生抑制作用，母国和东道国的制度的绝对差异越小越有利于 FDI 增长。Kolstad and Wiig（2012）通过对中国 FDI 数据进行研究也得出了类似的结论，发现中国企业倾向于到与其制度环境相似的国家进行投资。对外承包工程作为一项在境外建设工程项目的活动，其运行与开展同样需要适应当地社会环境。

首先，对外承包工程本质上是一项对外投资活动，如果缺乏有效的投资保护环境与

---

① 一些实证文献也指出，社会信任和法律制度在促进企业融资方面存在替代关系，Wu et al.（2014）研究发现，在促进贸易信贷方面，社会信任和法律制度互为替代。张敦力和李四海（2012）指出，在企业获取银行贷款时，社会信任和法制环境存在替代关系。

纠纷解决机制，不仅容易导致对外承包工程缺乏完善的合作环境，更为重要的是，不完善的投资环境会增加中国对外承包工程的经营风险，从而会抑制中国对外承包工程的开展。随着中国对外经济交流的不断发展，截至 2016 年 12 月，中国已与世界上 104 个国家和地区签署了双边投资协定[①]，为中国对外投资提供了有效的投资保护与纠纷解决机制，有效地降低了中国对外投资的风险。基于以上分析，得到第四个研究假设：

H4：东道国与中国签署双边投资协定能够显著增强社会信任对中国对外承包工程的促进作用。

其次，中国企业在当地开展对外承包工程还需要不断地熟悉当地市场、处理当地人际关系并与其沟通洽谈工程建设事宜，如果两国语言差异较大，不仅会增加双方合作的成本，也容易提高项目开展过程中摩擦发生的概率，从而阻碍对外承包工程项目的进展。因此，如果东道国与中国语言具有某种相似性，则能够在一定程度上降低双方交流的成本，由此提出第五个研究假设：

H5：东道国与中国语言存在相似性能够显著增强社会信任对中国对外承包工程的促进作用。

（二）理论模型

为了更清晰地在一个统一框架下进行说明，本文构建一个简单的模型阐述东道国社会信任水平对中国对外承包工程的影响，以及法治环境和制度距离的影响。考虑两个国家——中国和东道国，中国计划和东道国合作在东道国建设基础设施项目，总成本为 C，对于东道国而言，需要花费的成本为 CF，对于中国而言，需要花费的成本为 CA。

本文假设建设完成后的工程项目所产生的收益包含直接收益 DR（正常情况下由中国和东道国按照成本比例分享收益）和间接收益 IR（收益只有东道国能够获得）两部分，且都具有一定的不确定性[②]。为了简化模型，本文假设只存在收益较好或收益较差两种可能：当工程项目的收益较好时，直接收益和间接收益分别为 DRG 和 IRG（发生的概率为 P 且 $DRG>C$）；当工程项目的收益较差时，直接收益和间接收益分别为 DRB 和 IRB（发生的概率为 $1-P$ 且 $DRB<C$）。

由于民族、文化和制度的差异，国家之间并非完全信任（黄新飞等，2017）。因此，东道国可能认为中国会在分享收益时对东道国进行剥削，进而侵占更多的直接收益。参考黄新飞等（2017）的研究，本文假设当发生侵占时，中国会选择独占所有收益，与此

① 数据来源于商务部条约法律司官方网站：http://tfs.mofcom.gov.cn/article/Nocategory/201111/20111107819474.shtml。

② 直接收益可以理解为工程项目本身所能获得的收入，如高速公路收费所带来的收入。间接收益可以理解为工程项目对于当地经济发展的带动作用。

同时，东道国认为发生侵占行为的可能性为 $X=X(T)$，即 X 为东道国对他国社会信任程度 T 的函数（X 为主观概率，本文认为东道国对他国的社会信任程度越高，X 越小）。因此，我们有：

$$\frac{\partial X}{\partial T}<0 \tag{1}$$

与此同时，在我国对外承包工程实现跨越式发展的同时，因东道国国家风险进而对我国境外承包工程企业造成损害而见诸报端的事件也日渐增多（曾剑宇等，2017），进而可能降低中国对外承包工程项目的收益，而正式社会制度可以有效发挥保护经济交易的功能。本文假设中国对外承包工程项目面临的东道国国家风险会使得中国丢失所有收益，与此同时，假设发生的可能性为 $Y=Y(L)$，即 Y 为东道国正式制度 L 的函数（Y 为概率，本文认为东道国的正式制度越规范，Y 越小）。因此，我们有：

$$\frac{\partial Y}{\partial L}<0 \tag{2}$$

此外，本文还在模型中考虑了制度距离（在实证中表现为是否签署双边投资协定和语言相似性）的影响，考虑到母国和东道国的制度的绝对差异会增加双方合作的成本，使得双方合作过程中发生摩擦的概率上升，同时会增加对外承包工程项目的经营风险，进而对双边合作产生抑制作用（Habib and Zurawicki，2002；Kolstad and Wiig，2012）。本文假定制度的差异程度为 G，为简化模型，本文假设制度距离会降低项目产生较好收益的概率，即 P 为东道国正式制度 G 的函数。因此，我们有：

$$\frac{\partial P}{\partial G}<0 \tag{3}$$

因此，对于东道国而言，预期收益（ERF）为：

$$\begin{aligned} ERF = {} & (1-X(T))\times\left(\frac{CF}{C}\right)\times[P(G)\times DRG+(1-P(G))\times DRB]+IRG\times P(G)+ \\ & IRB\times(1-P(G))-CF \end{aligned} \tag{4}$$

对于中国而言，预期收益（ERA）为：

$$\begin{aligned} ERA = {} & (1-Y(L))\times\left[(1-X(T))\times\left(\frac{CA}{C}\right)+X(T)\right]\times \\ & [(P(G)\times DRG+(1-P(G))\times DRB)]-CA \end{aligned} \tag{5}$$

为了研究东道国对他国的社会信任程度对中国对外承包工程的影响，我们将东道国的预期收益 ERF 对 T 求一阶导可得：

$$\frac{\partial ERF}{\partial T}=-\frac{\partial X}{\partial T}\times\left(\frac{CF}{C}\right)\times[P(G)\times DRG+(1-P(G))\times DRB]>0 \tag{6}$$

由式（6）可知，东道国对他国的社会信任程度越高，对于东道国而言，项目的预期收益越大[①]，更愿意与其他国家就工程项目建设进行合作，进而能够促进中国对外承包工程的发展。

为了研究东道国正式制度对中国对外承包工程的影响，我们将中国的预期收益 ERA 对 L 求一阶导可得：

$$\frac{\partial ERA}{\partial L}=-\frac{\partial Y}{\partial L}\times\left[(1-X(T))\times\left(\frac{CA}{C}\right)+X(T)\right]\times[(P(G)\times DRG+(1-P(G))\times DRB)]>0 \qquad (7)$$

由式（7）可知，东道国的正式制度越完善，对于中国而言，项目的预期收益越高，更愿意与东道国就工程项目建设进行合作，进而能够促进中国对外承包工程的发展。

为了研究中国和东道国的制度距离对中国对外承包工程的影响，我们同时将东道国的预期收益 ERF 和中国的预期收益 ERA 对 G 求一阶导可得：

$$\frac{\partial ERF}{\partial G}=(1-X(T))\times\left(\frac{CF}{C}\right)\times\left[\frac{\partial P}{\partial G}\times(DRG-DRB)\right]+\frac{\partial P}{\partial G}\times(IRG-IRB)<0 \qquad (8)$$

$$\frac{\partial ERA}{\partial G}=(1-Y(L))\times\left[(1-X(T))\times\left(\frac{CA}{C}\right)+X(T)\right]\times\left[\frac{\partial P}{\partial G}\times(DRG-DRB)\right]<0 \qquad (9)$$

由式（8）和式（9）可知，无论是对于中国还是东道国，双边制度距离越小，项目的预期收益则越高，双方更愿意就工程项目建设进行合作，进而能够促进中国对外承包工程的发展。

最后，为了探究正式制度与社会信任的相互影响，我们同时将中国的预期收益 ERA 对 L 和 T 求二阶混合偏导数可得：

$$\frac{\partial^2 ERA}{\partial L\partial T}=-\frac{\partial Y}{\partial L}\times\frac{\partial X}{\partial T}\times\left(1-\frac{CA}{C}\right)\times[(P(G)\times DRG+(1-P(G))\times DRB)]<0 \qquad (10)$$

由式（10）可知，东道国对他国的社会信任程度和东道国的正式制度在促进中国对外承包工程方面呈替代关系，即东道国法治环境越完善，社会信任对中国对外承包工程的促进效应越小。

三、研究设计

（一）样本数据

本文研究中的核心变量是 2005—2014 年东道国社会信任度和中国在世界各国开展

① 这里也可以理解为，对于东道国而言，项目的预期收益 ER 超过项目投入成本 CF 的可能性越大。

的对外承包工程，在剔除主要变量缺失的样本后，得到45个国家共计339个观测值。东道国社会信任数据来自世界价值观调查（World Value Survey，WVS）；中国分国别的对外承包工程数据来自《中国贸易外经统计年鉴》；东道国法治环境数据来自世界银行全球治理数据库（WGI），其余控制变量的数据来源详见表1。

（二）模型设定

为检验假设1东道国社会信任是否会对中国对外承包工程产生影响，本文构建如下模型（1）进行检验[①]：

$$Ln(FCP_{i,t}) = \beta_0 + \beta_1 Ln(Trust_{i,t}) + \alpha Control_{i,t} + \lambda_t + \varepsilon_{i,t} \quad (11)$$

其中，i 表示国家，t 表示时间，$FCP_{i,t}$ 表示中国对外承包工程，$Trust_{i,t}$ 表示社会信任度，$Control_{i,t}$ 是一系列的控制变量，在回归中，本文加入了一系列可能影响中国在东道国开展对外承包工程的变量。此外，本文还控制了时间固定效应 λ_t、$\varepsilon_{i,t}$ 为误差项。本文主要关注社会信任变量 $Ln(Trust_{i,t})$ 的回归系数 β_1，它衡量了东道国社会信任对中国对外承包工程开展的影响，如果 β_1 显著为正，说明控制其他相关因素不变的情况下，东道国社会信任度能显著促进中国对外承包工程，假设1成立。

为检验假设2社会信任对中国对外承包工程影响在不同经济发展水平国家之间是否存在异质性，本文构建如下回归模型（2）进行检验：

$$Ln(FCP_{i,t}) = \beta_0 + \beta_1 Ln(Trust_{i,t}) + \beta_2 Ln(Trust_{i,t}) \times OECD_{i,t} + \beta_3 OECD_{i,t} + \alpha Control_{i,t} + \lambda_t + \varepsilon_{i,t} \quad (12)$$

其中，$OECD_{i,t}$ 是衡量东道国经济发展水平的虚拟变量，我们将属于OECD的国家视为发达国家，赋值为1；否则属于发展中国家，赋值为0。社会信任与东道国经济发展水平的交互项 $Ln(Trust_{i,t}) \times OECD_{i,t}$ 的回归系数 β_2 衡量了东道国经济发展水平对社会信任与中国对外承包工程关系的影响，如果 β_2 显著为负，说明相比于发达国家，社会信任在发展中国家对中国对外承包工程的促进作用更加明显，假设2成立。

为检验假设3，即社会信任与法治环境是否存在替代效应，法治环境是否会削弱东道国社会信任对中国对外承包工程的促进作用，本文构建如下回归模型（3）进行检验：

$$Ln(FCP_{i,t}) = \beta_0 + \beta_1 Ln(Trust_{i,t}) + \beta_2 Ln(Trust_{i,t}) \times Lawrule_{i,t} + \beta_3 Lawrule_{i,t} + \alpha Control_{i,t} + \lambda_t + \varepsilon_{i,t} \quad (13)$$

① 本文在此并未加入国家层面的固定效应，原因有二：其一，虽然本文使用了10年的分国别数据，但限于数据的可获得性，本文最主要的解释变量社会信任仅来自于第五次（2005—2009年）和第六次（2010—2014年）世界价值观调查（WVS），时变性较弱；其二，从经济意义的角度看，国家层面的社会信任程度较为稳定，因此，加入国别固定效应会显著降低模型的解释力。考虑到没有控制国别固定效应所引发的对于潜在的内生性问题的担忧，我们在后文中采用了工具变量GMM方法进行回归。此外，本文加入年份固定效应来控制宏观层面的经济和政策冲击。

其中，$Lawrule_{i,t}$ 是东道国法制环境指数，数值越大说明东道国法制环境越完善。社会信任与法治环境交互项 $Ln(Trust_{i,t})\times Lawrule_{i,t}$ 的回归系数 β_2 体现了东道国社会信任与法制环境对中国对外承包工程影响的关系，如果 β_2 显著为负，说明东道国法制环境越好，法制环境越完善，东道国社会信任对中国对外承包工程的促进作用越弱，社会信任与法制环境存在替换效应，假设 3 成立。

（三）变量定义与度量

1. 社会信任（*Trust*）

我们采用东道国居民对其他国家的信任度衡量社会信任，同时参考 Pevzner et al.（2015）的计算方法，采用在问卷调查中回答“完全信任”的人数占总调查人数的比重构建一个对其他国家的信任指标，该值取值范围介于 0～1 之间，数值越大，表示东道国对其他国籍居民信任度越高。为了便于对系数进行解释，在研究中我们将该值乘以 100 再对其进行对数处理。

2. 对外承包工程（*FCP*）

对外承包工程是指中国企业或者其他单位承包境外建设工程项目的活动，参考曾剑宇等（2017）的研究，采用两个指标衡量对外承包工程，一是完成营业额（*FCP*），是指企业在报告期内完成的以货币形式表现的工作量；二是新签合同额（*Contract*），指的是企业在报告期内签订的合法有效的对外承包工程项目的金额。本文在基准分析中选取完成营业额（*FCP*）衡量对外承包工程，同时使用新签合同额（*Contract*）作为稳健性分析，二者均作对数处理。

3. 工具变量：宗教相似度（*RS*）

本文的研究结论可能受到内生性的影响。在本文的研究背景下，内生性的可能来源包括反向因果问题以及遗漏变量导致的“共同决定”问题。对于反向因果问题，考虑到国别层面的社会信任水平是在长期历史发展中积累形成的，相对比较稳定，因此，中国的对外承包工程能够显著提升东道国的社会信任水平的可能性较低，反向因果问题不影响本文研究的稳健性。“共同决定”是指，可能存在某个不可观测的因素，与中国对外承包工程和东道国社会信任水平同时相关，进而可能导致东道国社会信任水平和中国对外承包工程之间呈现出“伪相关”关系。

本文使用工具变量来控制内生性问题的影响。已有研究发现，宗教是文化的代表，能够对信任产生显著的影响（Daniels and von der Ruhr，2010；Johansson-Stenman et al.，2009），满足相关性的要求，与此同时，宗教传统是由不同国家在长期历史发展中积累形成的（陈冬华等，2013），和影响中国对外承包工程的不可观测因素存在关联的可能性较小。因此，我们采用两国之间的宗教相似度作为社会信任的工具变量。

4. 调节变量 1：东道国经济发展水平（*OECD*）

我们以东道国是否属于 OECD 判断东道国经济发展水平：如果东道国在该年属于 OECD 则视为发达国家，赋值为 1；否则为发展中国家，赋值为 0。

5. 调节变量 2：东道国法治环境（*Lawrule*）

我们使用世界银行公布全球治理指数（WGI）中关于东道国法治环境的百分比等级（Percentile Rank）衡量东道国法治环境发展情况，该值介于 0～100%之间，数值越大，说明东道国法治环境越完善。

6. 控制变量

基于前人研究，本文选取的控制变量既包括东道国经济总量（*GDP*）、中国经济总量（*GDP_China*）、双边距离（*Dist*）这些引力模型中的基本变量，还包括东道国人口数量（*POP*）、语言相似度（*CL*）、东道国进口开放度（*Imopen*）、国土是否接壤（*Contiguity*）、政治稳定性（*PS*）、通货膨胀率（*Inflation*）、法治环境（*Lawrule*）、基础设施（*INFRA*）、工业化程度（*Ind*）、资源禀赋（*Resource*）等。此外，考虑到不同年份中，中国在东道国对外承包工程有所差别，在回归中还加入了年度固定效应。变量的定义和度量见表 1。除非特殊说明，本文在所有的回归分析中均采用稳健标准误。

需要注意的是，由于中国经济总量（*GDP_China*）是年度宏观指标，因此其系数被年份固定效应所吸收，所以后文回归结果中未汇报其系数。

表 1　　变量定义与度量

变量	符号	变量名称与度量方法	数据来源
被解释变量	*FCP*	对外承包工程，采用中国对东道国承包工程的经营数额对数值衡量，同时采用合同额（*Contract*）对数值作为稳健性分析	中国贸易外经统计年鉴
解释变量	*Trust*	社会信任，用东道国民众对其他国籍民众信任度衡量，为便于分析，我们将原始数据乘以 100 并作对数处理	World Value Survey
调节变量	*OECD*	OECD 成员身份，虚拟变量，东道国属于 OECD 成员国则赋值为 1，否则为 0	OECD 网站
	Lawrule	法治环境，用世界银行公布的东道国法治环境指数衡量	世界银行 WGI 数据库
工具变量	*RS*	宗教相似度，用东道国信仰宗教与中国民众信仰宗教相似指数衡量，由于中国佛教信众最多，因此以东道国佛教信仰人数所占比例进行衡量	World Value Survey
控制变量	*Dist*	双边距离，用按照人口规模为权重计算的加权距离衡量，并作对数处理	CEPII

续表

变量	符号	变量名称与度量方法	数据来源
控制变量	*GDP*	东道国经济总量，用东道国国内生产总值衡量，并作对数处理	世界银行 WDI 数据库
	GDP_China	中国经济总量，采用中国国内生产总值衡量，并作对数处理	
	POP	人口数，用东道国人口总数衡量，并作对数处理	
	Inflation	按 GDP 平减指数衡量的通货膨胀	
	CL	语言相似度，用东道国与中国语言综合相似度衡量	CEPII 数据库
	Imopen	东道国进口开放度，采用东道国货物与服务进口总额占 GDP 比值衡量	世界银行 WDI 数据库
	Contiguity	国土接壤，虚拟变量，东道国与中国领土接壤赋值为 1，否则为 0	CEPII 数据库
	PS	政治稳定性，用世界银行公布的东道国政治稳定性指数衡量	世界银行 WGI 数据库
	INFRA	基础设施，采用东道国每百人拥有的电话线路数量衡量，并作对数处理	世界银行 WDI 数据库
	Ind	工业化程度，采用东道国第三产业占 GDP 比值衡量	
	Resource	资源禀赋，采用东道国的矿石、金属以及燃料出口占商品出口的比重衡量	

四、实证结果与分析

（一）描述性统计分析

表 2 报告了全样本的描述统计结果以及非 OECD 国家和 OECD 国家的对比情况。样本期间，中国在各国的对外承包工程营业额（*lnFCP*）和合同额（*lnContract*）均值较为接近，说明中国对外承包工程的完成度较高，但同时可以发现，其营业额和合同额的标准差均较大，说明中国在各国开展的对外承包工程具有较大的差别。从社会信任变量（*lnTrust*）看，其最小值和最大值差别较大，说明在不同的国家，社会信任差别较大。

此外，通过对比发展中国家（非 OECD 国家）和发达国家（OECD 国家）的社会信任（*lnTrust*）和法治环境（*Lawrule*）可以发现，在发展中国家，社会信任均值略高于发达国家，但发展中国家的法治环境指数明显低于发达国家水平。

表 2　　主要变量的描述性统计

Variables	全样本				非 OECD 国家		OECD 国家		T Test
	均值	标准差	最小值	最大值	均值	标准差	均值	标准差	
lnFCP	9.985	1.987	0.693	13.520	10.308	1.766	9.245	2.259	4.667***
lnContract	10.095	2.270	0.693	14.387	10.385	2.187	9.431	2.326	3.625***
OECD	0.304	0.461	0.000	1.000	0.000	0.000	1.000	0.000	—
Lawrule	0.568	0.260	0.081	0.995	0.458	0.204	0.821	0.187	−15.491***
BIT	0.788	0.410	0.000	1.000	0.780	0.415	0.806	0.397	—
CL	0.032	0.131	0.000	0.837	0.043	0.156	0.008	0.010	2.263 4**
lnTrust	1.321	0.678	0.000	2.944	1.322	0.659	1.319	0.724	0.042
RS	0.038	0.156	0.000	0.940	0.051	0.185	0.008	0.022	2.34***
lnGDP	26.187	1.710	21.679	30.464	25.630	1.497	27.462	1.473	−10.414***
lnGDP_China	29.396	0.477	28.464	29.934	—	—	—	—	—
lnDist	8.982	0.610	7.025	9.858	8.871	0.670	9.236	0.325	−5.265***
lnPOP	17.161	1.438	13.816	20.986	17.111	1.482	17.276	1.330	−0.972
Inflation	6.720	10.106	−5.990	103.822	8.462	11.598	2.730	2.323	4.968***
Imopen	43.512	33.526	0.000	227.350	46.317	38.330	37.087	16.730	2.346 6**
Contiguity	0.100	0.301	0.000	1.000	0.144	0.352	0.000	0.000	—
PS	44.044	25.479	0.474	96.682	35.109	21.009	64.514	22.947	−11.520***
INFRA	23.489	17.011	0.100	65.360	16.793	12.864	38.830	15.370	−13.650***
Ind	60.728	10.884	29.030	92.980	57.533	10.983	68.048	6.074	−9.121***
Resource	10.683	14.972	0.114	65.047	10.239	13.399	11.699	18.103	−0.826

（二）社会信任对中国对外承包工程的影响

我们首先研究了东道国社会信任对中国对外承包工程的影响，回归结果如表 3 前 3 列所示。为解决模型中可能存在的内生性问题，我们使用东道国与中国宗教相似度（*RS*）作为东道国社会信任的工具变量，同时采用广义矩估计方法（Generalized Moment Method，GMM）进行回归分析，其中，表 3 的列 1 是第一阶段回归结果，因变量是东道国信任水平。结果显示，双边宗教相似度（*RS*）与东道国社会信任在 1%水平下显著正相关，说明工具变量与内生变量高度相关。列 2 和列 3 报告的是社会信任对中国对外承包工程影响的全样本 IV－GMM 回归结果，列 2 结果显示社会信任系数（β_1）在 1%水平下统计显著，说明社会信任能够显著促进中国对外承包工程的增长。在列 3 中，我们加入了双边是否都为世界贸易组织成员（*WTO*）作为控制变量，社会信任系数（β_1）仍然高度显著。因此，无论双边是否都属于世界贸易组织成员，东道国社会信任都能够显著促进中国对外承包工程的发展，与假设 1 相符。

控制变量方面，东道国市场总量（*lnGDP*）和人口总数（*lnPOP*）与中国对外承包工程显著正相关，东道国经济总量越高、人口越多越能够吸引中国对外承包工程，说明中国对外承包工程具有市场寻求型特征；双边距离（*lnDist*）和是否接壤（*Contiguity*）对对外承包工程存在负向影响，说明中国开展承包工程的国家多是距离较远或非相邻国家；语言相似度（*CL*）与对外承包工程显著正相关，双边语言越接近，中国在该国开展对外承包工程总量越大，说明中国对外承包工程会受语言文化的影响；东道国进口开放度（*Imopen*）与中国对外承包工程显著正相关，说明东道国进口开放度越高，越能够吸引中国开展对外承包工程；东道国法治环境（*Lawrule*）与中国对外承包工程显著负相关，这可能是因为中国对外承包工程具有某种程度的风险偏好性；东道国基础设施（*INFRA*）和工业化程度（*Ind*）与中国对外承包工程显著负相关，说明东道国基础设施和工业化程度越高越不利于中国对外承包工程的开展；东道国资源禀赋（*Resource*）与中国对外承包工程显著正相关，东道国资源越丰富，越能够吸引中国开展对外承包工程，说明中国对外承包工程具有资源寻求型特征。

进一步，本文研究了东道国经济发展水平是否会影响社会信任对中国对外承包工程的促进作用，回归结果呈现在表 3 的列 4 和列 5 中。其中列 4 是未加入双边是否属于世界贸易组织成员的控制变量（*WTO*）回归结果，而列 5 则是加入双边是否属于世界贸易组织成员的控制变量（*WTO*）回归结果。结果显示，社会信任与东道国经济发展水平的交互项系数（β_2）显著为负，说明相比于发达国家，社会信任对中国对外承包工程的促进作用在发展中国家中更加显著，与假设 2 相符。

表 3　　　　基本回归结果

	全样本			OECD 调节作用	
Variables	IV-GMM (1)	IV-GMM (2)	IV-GMM (3)	IV-GMM (4)	IV-GMM (5)
lnTrust		2.967*** (0.319)	2.860*** (0.314)	3.349*** (0.413)	3.154*** (0.399)
*lnTrust*OECD*				-1.170** (0.507)	-0.969* (0.505)
RS	0.604*** (0.203)				
lnGDP	-0.060 (0.064)	0.754*** (0.100)	0.676*** (0.094)	0.771*** (0.098)	0.702*** (0.091)
lnDist	0.065 (0.055)	-0.144 (0.110)	-0.108 (0.110)	-0.200* (0.120)	-0.157 (0.120)

续表

Variables	全样本			OECD 调节作用	
	IV－GMM（1）	IV－GMM（2）	IV－GMM（3）	IV－GMM（4）	IV－GMM（5）
lnPOP	－0.049（0.069）	0.478***（0.107）	0.562***（0.107）	0.535***（0.108）	0.598***（0.109）
Inflation	0.014***（0.003）	－0.023***（0.007）	－0.024***（0.007）	－0.030***（0.008）	－0.029***（0.008）
CL	0.302（0.553）	3.244***（0.907）	3.586***（0.930）	2.630***（0.881）	2.984***（0.894）
Imopen	－0.008***（0.002）	0.029***（0.004）	0.028***（0.004）	0.029***（0.004）	0.027***（0.004）
Contiguity	0.750***（0.114）	－1.563***（0.327）	－1.632***（0.329）	－1.937***（0.423）	－1.915***（0.427）
PS	0.002（0.003）	－0.002（0.005）	－0.001（0.005）	－0.001（0.005）	－0.001（0.005）
Lawrule	0.232（0.292）	－2.922***（0.510）	－2.365***（0.532）	－2.672***（0.615）	－2.158***（0.661）
INFRA	0.009*（0.005）	－0.027***（0.009）	－0.032***（0.009）	－0.015*（0.009）	－0.021**（0.009）
Ind	0.005（0.005）	－0.052***（0.007）	－0.045***（0.008）	－0.055***（0.007）	－0.048***（0.008）
Resource	－0.006**（0.003）	0.025***（0.005）	0.023***（0.004）	0.028***（0.005）	0.026***（0.005）
WTO			－0.702**（0.277）		－0.608**（0.273）
OECD				0.922（0.574）	0.701（0.569）
Year FE	Yes	Yes	Yes	Yes	Yes
Observations	339	339	339	339	339
R－squared	0.253	0.730	0.736	0.738	0.742

注：括号内表示稳健标准误，*、**、***分别表示在 10%、5%和 1%的水平下显著。

（三）稳健性检验

我们从以下四个方面对基准回归结果进行稳健性检验。

（1）采用对外承包工程合同额（*lnContract*）作为被解释变量（曾剑宇等，2017），和上文相同，取对数处理。代入模型（1）中重新进行回归，结果列示在表 4 中的第 1 列。主要变量的系数及显著性水平与前文一致。

（2）世界贸易组织是世界上最重要的经济组织，加入世界贸易组织可能对国际间的经济合作与交流产生重要的影响，在表 3 的列 3 和列 5 中我们加入了双边是否属于世界贸易组织成员的虚拟变量（*WTO*），结果并未发生变化。在本部分，我们继续考虑双边签署投资协定（*BIT*）和自由贸易区（*FTA*）设立对中国在东道国开展对外承包工程的影响，为此，我们分别在模型（1）中加入双边投资协定（*BIT*）和自由贸易区（*FTA*）虚拟变量，结果列示于表4的列2和列3，结果显示双边签署投资协定（*BIT*）和互设自由贸易区（*FTA*）并不会影响中国在该国开展的对外承包工程，且社会信任等主要解释变量的显著性也并未发生变化。

（3）前文分析中，我们采用人口规模为权重计算的加权距离衡量双边地理距离，此外，CEPII 数据库还提供了双边首都的地理距离（*lnDistcap*），为此，我们重新用双边首都距离衡量两国间的地理距离重新对模型（1）进行回归，结果列示于列4。结果显示，双边距离衡量方式的不同并不会改变本文的基本结论。

（4）前文分析中我们使用语言相似度（*CL*）衡量两国之间的语言相似度，CEPII 数据库还提供了另外两种语言相似度的衡量方式（Melitz and Toubal，2014）：两国口语相似度（*CSL*）、本地语言相似度（*CNL*）。我们分别使用这两种语言衡量方式替换原有的综合语言相似度（*CL*）重新代入模型（1）进行回归，结果分别列示于列5和列6。结果显示，两国语言相似度衡量方式的更换并不会改变社会信任对中国对外承包工程的促进作用。

表4　　稳健性检验

	合同金额	BIT	FTA	首都距离	共同语言的不同衡量	
Variables	IV－GMM （1）	IV－GMM （2）	IV－GMM （3）	IV－GMM （4）	IV－GMM （5）	IV－GMM （6）
lnTrust	3.183*** （0.381）	2.959*** （0.316）	2.988*** （0.321）	2.968*** （0.318）	2.731*** （0.319）	2.844*** （0.328）
lnGDP	0.793*** （0.127）	0.732*** （0.101）	0.764*** （0.101）	0.754*** （0.100）	0.685*** （0.105）	0.770*** （0.104）
lnDist	－0.114 （0.157）	－0.152 （0.109）	－0.153 （0.113）		－0.106 （0.112）	－0.125 （0.110）
lnPOP	0.655*** （0.144）	0.503*** （0.109）	0.475*** （0.107）	0.478*** （0.107）	0.474*** （0.108）	0.431*** （0.108）
Inflation	－0.021* （0.011）	－0.023*** （0.007）	－0.024*** （0.007）	－0.023*** （0.007）	－0.021*** （0.008）	－0.023*** （0.007）
CL	3.676*** （1.067）	3.493*** （0.979）	3.395*** （0.929）	3.236*** （0.907）		
Imopen	0.031*** （0.005）	0.029*** （0.004）	0.030*** （0.004）	0.029*** （0.004）	0.024*** （0.005）	0.029*** （0.005）
Contiguity	－1.786*** （0.379）	－1.591*** （0.327）	－1.580*** （0.328）	－1.565*** （0.328）	－1.466*** （0.330）	－1.528*** （0.334）

续表

	合同金额	BIT	FTA	首都距离	共同语言的不同衡量	
Variables	IV-GMM (1)	IV-GMM (2)	IV-GMM (3)	IV-GMM (4)	IV-GMM (5)	IV-GMM (6)
PS	0.007 (0.006)	-0.002 (0.005)	-0.002 (0.005)	-0.002 (0.005)	-0.005 (0.006)	-0.003 (0.006)
Lawrule	-3.415*** (0.617)	-2.896*** (0.509)	-2.920*** (0.511)	-2.925*** (0.511)	-2.758*** (0.539)	-2.956*** (0.532)
INFRA	-0.032*** (0.010)	-0.027*** (0.009)	-0.027*** (0.009)	-0.027*** (0.009)	-0.022*** (0.008)	-0.026*** (0.008)
Ind	-0.055*** (0.009)	-0.050*** (0.007)	-0.054*** (0.007)	-0.052*** (0.007)	-0.049*** (0.007)	-0.051*** (0.007)
Resource	0.025*** (0.006)	0.024*** (0.005)	0.025*** (0.005)	0.025*** (0.005)	0.024*** (0.005)	0.025*** (0.005)
BIT		0.145 (0.135)				
FTA			-0.127 (0.139)			
lnDistcap				-0.145 (0.110)		
CSL					3.649*** (0.974)	
CNL						3.005*** (1.005)
Year FE	Yes	Yes	Yes	Yes	Yes	Yes
Observations	339	339	339	339	339	339
R-squared	0.685	0.731	0.731	0.730	0.732	0.727

注：括号内表示稳健标准误，*、**、***分别表示在 10%、5%和 1%的水平下显著。

（四）内生性分析

虽然前文使用 IV-GMM 估计方法分析发现东道国社会信任会显著促进中国对外承包工程，但其仍然可能存在内生性。首先，我们无法确定东道国社会信任与中国对外承包工程是否具有明确的因果关系，事实上二者也可能存在反向因果关系，即东道国对其他国籍民众的信任可能是建立在两国长期经济合作的基础之上；其次，社会信任可能会覆盖其他被遗漏变量的影响，如各国民族差异等一系列难以准确测量的变量（Guiso et al., 2009）。我们采取以下两种方法减轻对内生性问题的顾虑。第一，我们对东道国社会信任与中国对外承包工程进行反向因果关系检验；第二，为进一步消除反向因果关系的顾虑，我们对解释变量做滞后 1 期处理，重新对基本结果进行回归。

表 5 的列 1 和列 2 报告了反向因果关系检验回归结果，其中列 1 报告的是利用对外

承包工程对逐年的东道国社会信任进行回归的检验结果，列 2 报告的是对外承包工程对样本期末的东道国社会信任水平进行回归的检验结果。结果显示，对外承包工程（*lnFCP*）系数并不显著，说明社会信任与中国对外承包工程并不存在反向因果关系，即中国对东道国开展对外承包工程并不会提高东道国对中国的信任度。表 5 的列 3 和列 4 报告的是解释变量滞后 1 期的回归结果，其中列 3 是采用混合 OLS 得到的回归结果，列 4 是采用 IV－GMM 方法回归得到的结果。结果显示，无论采用哪种回归方法，社会信任与中国对外承包工程均显著正相关，说明东道国社会信任能够显著促进中国对外承包工程的增长。

表 5　　内生性检验

	反向因果关系测试		解释变量滞后 1 期检验	
	lnTrust	*lnTrust*	*lnFCP*	*lnFCP*
Variables	逐年 （1）	期末值 （2）	OLS （3）	IV－GMM （4）
lnFCP	0.036 （0.034）	0.050 （0.034）		
lnTrust			2.878*** （0.331）	0.951** （0.493）
lnGDP	－0.222*** （0.066）	－0.349*** （0.062）	0.659*** （0.105）	0.364** （0.147）
lnDist	0.004 （0.063）	0.026 （0.101）	－0.126 （0.112）	－0.183* （0.110）
lnPOP	0.115 （0.070）	0.184** （0.086）	0.523*** （0.122）	0.581*** （0.140）
Inflation	0.015*** （0.003）	0.017*** （0.005）	－0.022*** （0.008）	0.022** （0.010）
CL	0.513 （0.641）	0.320 （0.792）	2.782*** （0.922）	4.171*** （0.878）
Imopen	－0.008*** （0.002）	－0.010*** （0.003）	0.030*** （0.004）	0.011*** （0.004）
Contiguity	0.714*** （0.121）	0.874*** （0.153）	－1.495*** （0.341）	0.393 （0.400）
PS	0.002 （0.003）	－0.001 （0.004）	－0.004 （0.006）	－0.002 （0.006）
Lawrule	1.002*** （0.298）	0.956*** （0.318）	－2.551*** （0.550）	－0.122 （0.764）
INFRA	0.006 （0.005）	0.012** （0.005）	－0.021*** （0.008）	－0.016* （0.009）
Ind	0.010* （0.006）	0.024*** （0.007）	－0.048*** （0.008）	－0.035*** （0.009）
Resource	－0.008*** （0.003）	－0.007** （0.003）	0.023*** （0.005）	0.001 （0.007）

续表

	反向因果关系测试		解释变量滞后 1 期检验	
	lnTrust	*lnTrust*	*lnFCP*	*lnFCP*
Variables	逐年 （1）	期末值 （2）	OLS （3）	IV－GMM （4）
Year FE	Yes	Yes	Yes	Yes
Observations	288	304	288	288
R－squared	0.226	0.268	0.722	0.645

注：括号内表示稳健标准误差，*、**、***分别表示在 10%、5%和 1%的水平下显著。

五、进一步讨论

（一）社会信任影响异质性的解释分析

针对东道国社会信任对中国对外承包工程在发达国家和发展中国家中影响的异质性，目前还少有文献对这一现象提供直接的解释。Carlin et al.（2009）在理论上证明了信任与法律之间存在的两种均衡形式：当社会资本尤为重要时，法治环境与社会信任呈相互替代关系（均衡 I）；当社会资本不重要时，法治环境与社会信任呈相互补充关系（均衡 II）。受 Carlin et al.（2009）研究启发，我们试图使用该均衡理论解释社会信任对中国对外承包工程在不同国家间的影响差异。

相比发达国家而言，发展中国家的社会信任相对更高，但发展中国家的法治环境指数则相对较低，比较符合 Carlin et al.（2009）研究中的“均衡 I”，换言之，社会信任与法治环境呈现相互替代关系。由此，我们做出一个猜想，即社会信任对中国对外承包工程的影响在发达国家和发展中国家的显著差异是由其巨大的法制环境差异造成的。

然后，为检验假设 3 社会信任与法治环境是否存在替代效应，即法治环境是否会削弱东道国社会信任对中国对外承包工程的促进作用，我们对模型（3）进行了回归。表 6 报告了模型（3）回归结果，列 1 和列 2 是基于对外承包工程营业额（*lnFCP*）的回归结果，列 3 和列 4 是基于对外承包工程合同额（*lnContract*）的回归结果，其中列 2 和列 4 是加入了两国是否属于世界贸易组织成员身份的虚拟变量（*WTO*）后的回归结果。结果显示：在基于对外承包工程营业额（*lnFCP*）的回归结果中，无论是否加入两国是否属于世界贸易组织成员身份的控制变量（*WTO*），社会信任与法治环境交互项系数（β_2）均在 1%水平下显著为负。同样地，在基于对外承包工程合同额（*lnContract*）回归中，社会信任与法治环境交互项系数（β_2）亦在 1%水平下显著为负。由此说明，社会信任与法治环境存在相互替代关系，符合“均衡 I”假设，也与我们的理论模型结论一致。由于发达国家法治环境更加完善，在商业活动中对信任的依赖程度较低；相反，在发展中国家，法律制度的欠缺致使商业活动的开展更加依赖非正式社会制度的社会信任，导致社会信任在经济活动中扮演着重要的角色。本文结论也证实了 Coffee（2001）和 Carlin et al.（2009）的理论。

表 6　　　　社会信任与法治环境促进对外承包工程之间的关系

	完成营业额		新签合同额	
Variables	IV－GMM （1）	IV－GMM （2）	IV－GMM （3）	IV－GMM （4）
lnTrust	4.332*** （0.555）	4.027*** （0.532）	4.556*** （0.659）	4.596*** （0.644）
*lnTrust*Lawrule*	－1.589** （0.673）	－1.306** （0.657）	－1.691* （0.874）	－1.654* （0.871）
lnGDP	0.921*** （0.103）	0.848*** （0.098）	0.920*** （0.122）	0.917*** （0.112）
lnDist	－0.143 （0.111）	－0.110 （0.111）	－0.111 （0.157）	－0.062 （0.158）
lnPOP	0.350*** （0.113）	0.425*** （0.113）	0.565*** （0.143）	0.581*** （0.142）
Inflation	－0.038*** （0.009）	－0.037*** （0.008）	－0.035*** （0.012）	－0.039*** （0.011）
Variables	IV－GMM （1）	IV－GMM （2）	IV－GMM （3）	IV－GMM （4）
CL	3.031*** （0.978）	3.400*** （1.003）	3.437*** （1.083）	3.585*** （1.131）
Imopen	0.032*** （0.004）	0.030*** （0.004）	0.033*** （0.005）	0.033*** （0.005）
Contiguity	－2.064*** （0.384）	－2.054*** （0.381）	－2.287*** （0.441）	－2.418*** （0.427）
PS	－0.002 （0.006）	－0.001 （0.006）	0.007 （0.006）	0.007 （0.006）
Lawrule	－1.555* （0.843）	－1.348 （0.852）	－1.817 （1.133）	－1.559 （1.125）
INFRA	－0.034*** （0.009）	－0.039*** （0.010）	－0.037*** （0.009）	－0.044*** （0.010）
Ind	－0.052*** （0.007）	－0.045*** （0.008）	－0.055*** （0.010）	－0.049*** （0.011）
Resource	0.029*** （0.005）	0.027*** （0.005）	0.029*** （0.006）	0.028*** （0.006）
WTO		－0.663** （0.288）		－0.661** （0.325）

续表

	完成营业额		新签合同额	
Constant	−20.139*** (2.142)	−19.438*** (2.013)	−24.292*** (2.733)	−24.586*** (2.529)
Year FE	Yes	Yes	Yes	Yes
Observations	339	339	339	339
R −squared	0.716	0.721	0.679	0.680

注：括号内表示稳健标准误差，*、**、***分别表示在 10%、5%和 1%的水平下显著。

（二）国别异质性的影响

进一步，我们考察其他的国别异质性对社会信任与对外承包工程关系的影响，以检验假设 4 和 5。表 7 的列 1 和列 2 报告了是否有双边投资协定对社会信任与对外承包工程关系的调节效应，结果显示，社会信任与双边投资协定交互项系数均显著为正，说明东道国与中国签署双边投资协定会显著增强社会信任对中国对外承包工程的促进作用，与假设 4 相符。列 3 和列 4 报告了是否有共同语言对信任与对外承包工程关系的调节效应，结果显示，社会信任与双边语言相似度交互项系数均显著为正，说明东道国与中国综合语言相似度会显著增强社会信任对中国对外承包工程的促进作用，与假设 5 相符。表 7 的结果说明双边制度距离的缩小能够促进中国对外承包工程，与理论模型结论一致。

表 7　　　　国别异质性的影响分析

	双边投资协定		共同语言	
Variables	IV−GMM (1)	IV−GMM (2)	IV−GMM (3)	IV−GMM (4)
lnTrust	2.352*** (0.352)	2.048*** (0.352)	2.465*** (0.394)	2.298*** (0.402)
*lnTrust*BIT*	0.888** (0.347)	1.137*** (0.358)		
*lnTrust*CL*			7.899** (3.767)	8.761** (3.845)
lnGDP	0.732*** (0.101)	0.629*** (0.099)	0.739*** (0.099)	0.656*** (0.097)
lnDist	−0.140 (0.109)	−0.097 (0.110)	−0.118 (0.113)	−0.077 (0.113)
lnPOP	0.535*** (0.111)	0.657*** (0.119)	0.520*** (0.108)	0.612*** (0.112)
Inflation	−0.027*** (0.008)	−0.029*** (0.007)	−0.019** (0.007)	−0.019*** (0.007)
CL	3.093*** (0.996)	3.508*** (1.016)	−5.213 (3.980)	−5.779 (4.064)

续表

	双边投资协定		共同语言	
Imopen	0.030*** (0.004)	0.028*** (0.004)	0.031*** (0.004)	0.029*** (0.004)
Contiguity	−1.685*** (0.324)	−1.807*** (0.327)	−1.464*** (0.327)	−1.525*** (0.327)
PS	−0.002 (0.005)	−0.001 (0.005)	−0.003 (0.005)	−0.002 (0.005)
Lawrule	−2.996*** (0.515)	−2.341*** (0.543)	−2.754*** (0.514)	−2.153*** (0.556)
INFRA	−0.025*** (0.009)	−0.030*** (0.009)	−0.027*** (0.009)	−0.032*** (0.009)
Ind	−0.052*** (0.007)	−0.043*** (0.009)	−0.051*** (0.007)	−0.043*** (0.008)
Resource	0.027*** (0.005)	0.026*** (0.005)	0.026*** (0.005)	0.024*** (0.005)
WTO		−0.846*** (0.295)		−0.734*** (0.279)
BIT	−1.000** (0.479)	−1.253*** (0.482)		
Constant	−17.199*** (2.037)	−16.628*** (1.902)	−17.683*** (2.097)	−17.269*** (1.994)
Year FE	Yes	Yes	Yes	Yes
Observations	339	339	339	339
R−squared	0.734	0.742	0.733	0.739

注：括号内表示稳健标准误，*、**、***分别表示在10%、5%和1%的水平下显著。

六、结论与建议

本文利用东道国社会信任、法治环境和中国2005—2014年对外承包工程分国别数据，使用IV−GMM估计方法研究了东道国社会信任对中国对外承包工程的影响，以及在发达国家和发展中国家影响的异质性。结果发现：第一，东道国社会信任对中国对外承包工程具有促进作用；第二，相比于发达国家而言，东道国社会信任对中国对外承包工程的促进作用在发展中国家更为明显；第三，针对东道国社会信任对中国对外承包工程在发达国家和发展中国家影响的区别，我们提供了一个合理的解释，即社会信任与法治环境之间呈互为替代关系，这一结论为非正式社会制度促进国际经济交流合作提供了积极的经验证据，尤其是针对法治环境相对不完善的发展中国家而言更具启发性。在一系列稳健性检验及解决内生性问题之后，本文的基本结论依然成立。进一步研究发现，如果东道国与中国签署双边投资协定或者与中国语言具有相似性，则能够显著增强东道国社会信任对中国对外承包工程的正向影响。

本文结论为中国今后更好地引导企业参与对外承包工程，积极"走出去"以及落实"一带一路"倡议具有重要的政策意义。第一，本文结论揭示出东道国社会信任对中国对外承包工程能够产生积极的影响，尤其在发展中国家，社会信任对中国对外承包工程的影响作用更为明显，因此，在中国今后推进"走出去"战略和落实"一带一路"倡议时，不仅应关注东道国正式社会制度的作用，也应该注重东道国社会信任在国际经济合作间的作用，尤其是对于法治环境较为落后的发展中国家。第二，本文研究还发现如果东道国与中国签署了双边投资协定以及具有语言相似性时，社会信任对中国对外承包工程的促进作用会得到显著增强，因此，中国应注重与世界其他国家或地区加强投资协定磋商以及沟通交流，增强双边投资保护力度，降低沟通交流成本，从而推动中国对外承包工程的发展。

参考文献

[1] 陈冬华，胡晓莉，梁上坤，等. 宗教传统与公司治理[J]. 经济研究，2013，48(09)：71-84.

[2] 陈健. 推动对外承包工程发展服务经济社会发展全局[J]. 国际经济合作，2007，(03)：4-7.

[3] 崔巍. 信任、市场参与和投资收益的关系研究［J］. 世界经济，2013，36（09）：127-138.

[4] 黄新飞，王绪硕，杨子晖. 民族异质性、经济交流与跨国技术溢出［J］. 经济学（季刊），2017，16（03）：1119-1142.

[5] 李涛. 社会互动、信任与股市参与［J］. 经济研究，2006，(01)：34-45.

[6] 李雪灵，张惺，刘钊，等. 制度环境与寻租活动：源于世界银行数据的实证研究［J］. 中国工业经济，2012，(11)：84-96.

[7] 刘凤委，李琳，薛云奎. 信任、交易成本与商业信用模式［J］. 经济研究，2009，44（08）：60-72.

[8] 王文治，扈涛. 中国对外承包工程投资区位的决定因素——基于"亚非拉"国家的经验研究［J］. 世界经济研究，2014，(07)：67-73.

[9] 邢厚媛. 转变观念创新方式引领合作共赢新时代——2014年对外承包工程发展述评[J]. 国际经济合作，2015，(03)：4-10.

[10] 曾剑宇，蒋骄亮，何凡. 东道国国家风险与我国对外承包工程——基于跨国面板数据的实证研究［J］. 国际商务（对外经济贸易大学学报），2017，(06)：6-18.

[11] 张敦力，李四海. 社会信任、政治关系与民营企业银行贷款［J］. 会计研究，2012，(08)：

17－24.

［12］ 张维迎，柯荣住. 信任及其解释：来自中国的跨省调查分析［J］. 经济研究，2002，（10）：59－70.

［13］ Algan Y，Cahuc P. Inherited trust and growth［J］. American Economic Review，2010，100（5）：2060－2092.

［14］ Carlin B I，Dorobantu F，Viswanathan S. Public trust，the law，and financial investment［J］. Journal of Financial Economics，2009，92（3）：321－341.

［15］ Coffee J C. Do Norms Matter? A Cross－Country Evaluation［J］. University of Pennsylvania Law Review，2001，149（6）：2151－2177.

［16］ Daniels J P，Von Der Ruhr M. Trust in others：Does religion matter?［J］. Review of Social Economy，2010，68（2）：163－186.

［17］ Granovetter M. Economic Action and Social Structure：The Problem of Embeddednessl［J］. AJS，1985，91（3）：481－510.

［18］ Guiso L，Sapienza P，Zingales L. The role of social capital in financial development［J］. American Economic Review，2004，94（3）：526－556.

［19］ Guiso L，Sapienza P，Zingales L. Trusting the stock market［J］. Journal of Finance，2008，63（6）：2557－2600.

［20］ Guiso L，Sapienza P，Zingales L. Cultural biases in economic exchange?［J］. The Quarterly Journal of Economics，2009，124（3）：1095－1131.

［21］ Habib M，Zurawicki L. Corruption and foreign direct investment［J］. Journal of International Business Studies，2002，33：291－307.

［22］ Horváth R. Does trust promote growth?［J］. Journal of Comparative Economics，2013，41（3）：777－788.

［23］ Johansson - Stenman O，Mahmud M，Martinsson P. Trust and religion：Experimental evidence from rural Bangladesh［J］. Economica，2009，76（303）：462－485.

［24］ Knack S，Keefer P. Does social capital have an economic payoff? A cross－country investigation［J］. The Quarterly Journal of Economics，1997，112（4）：1251－1288.

［25］ Kolstad I，Wiig A. What determines Chinese outward FDI?［J］. Journal of World Business，2012，47（1）：26－34.

［26］ La Porta R，Lopez－de－Silanes F，Shleifer A. Trust in large organizations［J］. The American Economic Review，1997，87（2）：333－338.

［27］ Melitz J，Toubal F. Native language，spoken language，translation and trade［J］. Journal of International Economics，2014，93（2）：351－363.

［28］ North D C. Institutions，institutional change and economic performance［M］. Cambridge University Press，1990.

［29］ Pevzner M，Xie F，Xin X. When firms talk，do investors listen？ The role of trust in stock market reactions to corporate earnings announcements［J］. Journal of Financial Economics，2015，117（1）：190－223.

［30］ Rousseau D M，Sitkin S B，Burt R S，et al. Not so different after all：A cross－discipline view of trust［J］. Academy of Management Review，1998，23（3）：393－404.

［31］ Wang C，Li Z，Zhong T. Social trust，rule of law，and economic exchange：evidence from China and its major trading partners［J］. Emerging Markets Finance and Trade，2019，55（14）：3134－3150.

［32］ Williamson O E. The New Institutional Economics：Taking Stock，Looking Ahead［J］. Journal of Economic Literature，2000，38（3）：595－613.

［33］ Wu W，Firth M，Rui O M. Trust and the provision of trade credit［J］. Journal of Banking and Finance，2014，39（2）：146－159.

［34］ Zaheer A，McEvily B，Perrone V. Does trust matter？Exploring the effects of interorganizational and interpersonal trust on performance［J］. Organization Science，1998，9（2）：141－159.

［35］ Zak P J，Knack S. Trust and growth［J］. The Economic Journal，2001，111（470）：295－321.

注：本文主体内容曾发表于《世界经济文汇》2020 年第 5 期。